清く香しく

法頂《ポプチョン》

河野進 訳

めるくまーる

装画　「白蓮」石川義和

法頂和尚随筆撰集

清く香《かぐわ》しく

Purely, With Grace

Original Korean edition published by Wisdomhouse Publishing Co., Ltd.
Japanese edition is published
by arrangement with Wisdomhouse Publishing Co., Ltd.
Through The English Agency (Japan) Ltd., Tokyo
& Book Cosmos Agency, Seoul.

＊清く香《かぐわ》しく／目次

晩春、刊行に際して 9

第一部 君は人生のどの辺りにいるのか

出会い 13
逆さに見る 15
養生法 21
水流れ、花が咲く 26
すべてを捨てて去る 31
鳥たちの去った林は寂しい 37
君は人生のどの辺りにいるのか 43
日々新たに 48
出家 53
落ち葉は根に帰る 59
口を閉じ、耳を傾けよ 65

第二部 君は幸せか

日常の深化 73

清らかな喜び 78
清貧の香り 83
誰と同席しようか 87
水の音　風の音 92
砂漠の教父たち 97
君は幸せか 104
木の芽吹き 108
山僧の手紙 115
払暁に耳を澄まそう 121
時間の外に生きる 125

第三部　単純で簡素な暮らし

スミレはスミレらしく 133
冬の林 143
少ないもので満足せよ 149
より単純に簡素に 154
貧しい隣人から顔を背けて 158

人間と自然 163
単純で簡素な暮らし 176
台所訓 182
冬支度をしながら 185
立夏節の手紙 189

第四部 私の好む生活

無所有 197
無言の約束 202
満ち足りた監獄 205
火田民の小屋で 210
光と鏡 216
生きているものはすべて一つの命である 221
私の好む生活 225
柔軟さが堅固さに勝る 230
庵からの手紙 234

第五部 心底やりたい仕事をやり給え

沈黙の目 241
今日一日の私の生活 244
手帳をめくりながら 248
直立歩行 254
あなたが傍にいても 257
懐かしい二人の顔 262
心底やりたい仕事をやり給え 268
林中閑談 273
独りで暮らす喜び 279
訳者あとがき 284

晩春、刊行に際して

ようやく咲きはじめた山桜が、今朝、谷間を逆巻きながら吹き去った強風にあおられて、千々に散る様を眺めながら、美しいものほど命短く、それだけによけい愛おしく、名残り惜しく思われた。花の散った跡に新芽が芽吹く頃には、きっとホトトギスが訪ねてきて夜更けまで枕元で鳴くことだろう。

私は独り人里離れて暮らしているけれども、いつもすべての存在と共にいる。私自身が万物と分離していると考えたことはない。事実、時間的にせよ空間的にせよ、離れて暮らしていても、人は互いに関係をもちながら生きていかざるをえない社会的存在なのだ。ましてや、物質的には何も生産しない私たちのような出家修行者の場合、周囲の人びとの大小さまざまな恩恵に与《あずか》っている。したがって、世間には借りがあるという負い目が影のようにつきまとう。

山で見、聞き、考え、感じたことどもをひとりで抱え込むには少々荷が重いので、表現したいという本能に促されるままに、隣人たちと分かち合いたい。職業的な物書きでもないのにときどき文章を書くのは、このような理由による。それに、多少でも借りを返したいという希望も働いているのだろう。

山桜の花びらが風にあおられながら視界から消えていくこの晩春、これまでに発表した文章の中から、あのときあそこで経験した私の生活の跡を選んで一冊に編むのも、周囲の人びとからの分かち合いたいという希望に添うためでもある。しかし、内心忸怩《じくじ》たるものがある。いにしえの人が詠っている。

山に住む人間だから
山の話に花が咲く
五月の松風、聞かせたいけれど
君らにその素晴らしさが分かるだろうか

二〇〇六年晩春　江原道　水流山房にて　法頂　合掌

第一部　君は人生のどの辺りにいるのか

生は驚くほど深く広い何かだ。ひとつの神秘であり
私たちの命がその中で動いている巨大な国である。
大切なことは、どれだけ長く生きるかではなく
与えられた人生をどのように過ごしているかである。

出会い

人は母親から生まれただけで人間になるのではない。生まれたままでは、動物的な年齢があるだけで、人間としての精神年齢はない。必ず何らかの出会いによって人間は成長し、形成される。その出会いの相手が人間か、書物か、あるいは思想かを問わず、出会いを通して形成を重ねていくのだ。

出会いとは取りも直さず目覚めを意味する。今まで見えなかった世界が新たに開け、命の幹が激しく躍動して、生きるとはどういうことかを初めて認識するのだ。

険しい雪道を踏み分けて師匠の門を叩いた男がいた。師匠に目通りを願って、夜通し降りしきる雪に埋まりながらも引き下がらない男。翌日男は師匠の前で腕を切り落とし、求道の誠を示した。真理のために体と命を投げ出したのである。こうして若い修行者は達磨《ダルマ》大師に会うことができた。彼はまずおのれを投げ出すことによって生まれ変わったのだ。出会うときには、自己を捨てるこのような痛みを引き受けねばならない。

散文的な巷では、今日も人びとが誰に会いに行くのか、忙しく行き交っている。しかし命の歓喜とか感謝の気持ちが伴わないものは、出会いではなく出くわすのであり、社交にすぎない。出会いには求道的な厳粛な姿勢がなければならない。

「私は誰か？　どのように生きていくのか？」

このような問題を背負って探し求めるときにのみ、出会いは実現する。自分ひとりをもてあまし、連夜眠らずに夜を明かすような人間だけが出会えるのだ。

出会った人間は、そのときから独りではない。その人は単数の孤独から脱け出て複数の歓喜にときめきながら、いよいよ清らかに、いよいよ深く昇華する。

人はひとりだけの力で人間になることはできない。出会いによってのみ、人間が形成されるのだ。

この春、私たちは何かに出会わねばならない。

新たに眼を開かねばならない。

逆さに見る

沈黙していた林がわずかに咳き込みながら薄目を開けはじめた。裏庭の古木からは、キツツキが虫を穴から追い出そうと幹を叩く音が聞こえ、ヤマバトのクックッという鳴き声がもの悲しく聞こえている。

毎年この頃になると、あのウグイスが林にやって来る。セキレイが庭にやって来てはヒョコヒョコと軽い身のこなしでおじぎをする。はるかな谷間から、霧のように白い新芽の波が満ち潮のように、山の中腹に押し寄せている。

間もなく林はざわざわと新緑に覆われるだろう。そのときは私も林に入って一本の亭亭《ていてい》たる樹木になりたい。樹木たちのように芽を吹き、枝を伸ばし、薄緑色を全身にまといたい。うずく心の奥庭を花のように思いきり開いて見せたい。

おやおや、春の陽気が私の心を奪おうとしている。

耳はいつも聞いていた音を喜び、目は新しいものを見ようとする、という指摘は的を射ている。音楽の場合、聞き慣れた曲ばかり繰り返し聞くし、目は目新しいものを求めて一か所にはとどまらない。つまり、耳は少し保守的で目はかなり進歩的ということか。

一昨年であったろうか、ある夏の日の出来事だった。天気が良かったので、たまった洗濯物を一気に片づけた。気性が比較的激しい私は、洗濯をする場合、その日のうちに糊づけをし、アイロンをかけてしまわないと気がすまない。その日も、夏の衣類を洗ってアイロンをかけたあと、少し疲れたので板の間に寝転がって休もうとしていた。腕枕をして寝転がり、軒先に広がる空を無心に眺めていた。そのうち寝返りを打って横向きになり、山の頂に目をやった。そのとたん、山がいつもとは違って見えた。

おや、これは何だ、と起き上がり、こんどは股の間から山を覗いた。幼い頃友達と一緒に遊びながらやったあの格好だ。

それは新しい発見だった。空が湖になり、山は湖に映った影になっていた。正面から見ると凹凸の激しい山の稜線も、逆さに見るととてもなだらかに見えた。それに、林の色は原色がひとつひとつ分解されて遠近が鮮明に見えて、とても美しかった。何とも不思議だったので、立って真っ直ぐに見たり、股の間から逆さに見たりを繰り返した。

この様子を誰かが見たら、頭のおかしい坊主と思ったに違いない。しかし、私はこの体験から新たな事実を汲み取ることができた。

私たちが日常的に人と接し物事を見て認識するのは、枠にはまった固定観念にすぎない。したがって、すでに知った対象からは新たな姿を探し出すことは難しい。誰それと言えば、自分の認識に入り込んですでに固まってしまった、しかじかの存在としか見ることはできないのだ。これはなんという誤解だろうか。人間をはじめ事物は絶えず形成され変貌するものなのに。

しかし、見る角度を変えることによって、その人間なり事物の新たな面、美しい秘密を探し出すことができる。しらけた、ありふれた関係であっても、先入見を捨てて澄んだ「開かれた目」で見れば、しらけた関係が生気溢れる場に変わることだろう。

私の目が開かれれば、その目で見る世の中も同時に開かれるのが道理だ。

インドの瞑想家であり哲学者、グル（霊的な師匠）でもあるクリシュナムルティは『知ることからの自由』の中で、次のように語っている。

「私たちが見る方法を知れば、すべてが明らかになるだろう。そして見るにはどのような哲学も先生も必要としない。あなたにどのように見たらいいかを教える必要はない。あなたがただ見さえすればいいのだから」

どのような固定観念にも囚われずに虚心坦懐に素直な心で見、他人の目を借りることなく自分の目で見るとき、対象をより正確に把握できるということだ。

茶を嗜む人びとの話題にしばしば登場するのは、どこそこの茶は味がよく、どこそこの茶はすっきりしない、など。もちろん、好みによりそう言えるのかもしれないが、よほど粗悪なものでないかぎり、一杯の茶によってそこはかとない生きる喜びや感謝の気持ちを味わうことができる。要は、その茶のもつ特徴を程よく引き出すことができれば、〝その茶の味〟が分かるのだ。人間についても同じことが言える。人格に固定した何らかの枠があるのではない。その人の優れた徳性を見つけることができれば、その人は私にとって良い友となるのだ。

しばらくの間、あのもの珍しい光景を自分だけで楽しむのがもったいなくて、私の庵を訪れる人びとに誰彼なく披露した。高齢の僧、若い沙弥《しゃみ》僧、紳士や淑女にも例外なく、まるで熟達した教官のように、前山を逆さに見る動作をして見せた。やがて彼らも天真爛漫な子供のようになって逆さ見を楽しんでいた。

これといった珍しいもののない山中なので、ものごとを見る通常とは違った視角を共に楽しんだのだった。あまり行儀のいい格好ではなかったが、大勢でそんな遊びをしている光景もまた見ものだった。このような山中でもないかぎり、誰もが取り澄ましている世の中ではとてもできない格好だ。

去る三月ソウルに行った折、カトリック信者テレサの案内で、ある修道院を訪ねたことがあった。修道院と言うと直線的な建物に高い塀、お決まりの守衛室が連想されるが、私たちの訪れた修道院は、村外れの小さな藁葺の家だった。京畿道高陽郡中面一山九里パムカシコル（現在の高陽市一山地区）。学生が胸につける名札大の干からびた板切れに「イエスの小さな姉妹会」

と書かれていた。この表札同様、この世で一番小さな修道院であろう。村の家を買ってそのまま使っているので、普通の民家と変わりなかった。

聖堂は板の間で、装飾は一切なく、壁に取りつけた小さい厨子とその下に点された石油ランプ。伝統的な膳が置かれていたが、祭壇として使うのであろうか。フランスから来たという修道女二名と志願者合わせて十人足らずの、こぢんまりした会であった。

間もなく昼食の時間になって一同が同じ食卓を囲んで座り、香ばしいナズナの若葉の味噌汁とキムチでおいしく頂いた。初めての客にもまったく気づまりを感じさせない、打ち解けた雰囲気であった。ここの姉妹たちは、村の仕事が忙しいときには畑に出て手伝うそうだ。村人にとってはありがたい隣人であるようだ。小さな藁葺きの家にいつも笑い声が絶えないのを見て、修道会の名前の通り「小さな姉妹たちの友愛会」のようだと思った。

おそらく初期教会もこの会のようであったろう。そして新羅時代、イルソン郡のモレ長者の家を寺にしたときもまた、このようであっただろう。ところが、今日の教会とか寺院は建物だけを見ても、なんと豪華に肥大してしまったことだろう。建物とか機構が肥大しても、その宗教のもつ本来の機能が純粋に保たれているのだろうか。あるいは選民意識に陶酔して、市民たちとの関係が水に浮かんだ油のようになってはいないだろうか？

一山パムカシコルの藁葺屋根の修道院で、今日の教会と寺院を見る「目」をお土産にもらったのだった。

貧しいながらも気さくで、平和と喜びに満ちた姉妹たちの存在が、うわべだけで中身が貧弱になる一方の私たちの、光と塩になってくれたらと思った。

養生法

この夏、ある道友の勧めで自然食に関する本を読む機会があった。日々の食生活に対して前にも少なからず反省したことはあったが、こんどは自分の食生活を改善することにした。自炊すれば改善も難しくないからだ。

カルシウムの敵と言われる砂糖をまず追放した。純然たる菜食体質である私たちが、そうでなくても不足しがちなカルシウムを白砂糖に奪われてはならないと思ったからだ。さらに白米の在庫も処分した。その日のうちに市場に行き、アワ、トウキビ、麦、大豆、玄米などを買ってきた。

軟らかいものに慣れた舌は硬い雑穀ご飯をいやがるだろうが、間違った食生活を改善するには果敢な決断が必要だった。雑穀ご飯はたくさん食べる必要はない。白米の半分で充分だ。その代わりよく噛んで味わわねばならない。それにおかずもほとんど要らない。何かの拍子に外出して以前のように白いご飯を食べると、その味気ないことおびただしい。それにすぐお腹が空く。雑穀ご飯のようには腹もちがせず、元気も出ないようだ。

以前から簡素な食生活をしたいと思っていたが、再び自炊をするようになって、それが可能になった。朝は軟らかく、昼はしっかり、夜は軽く、が私の食生活のリズムだ。生涯にわたって奉仕してくれる胃腸をあまり酷使してはならない。

自分の食事について自慢げにあげつらうのは品性に欠けよう。特に僧侶の伝統的な習慣では。しかし、自分の実験を通して周りにも有益であるのなら、品性には多少欠けるにしても、許されるのではなかろうか。雑穀ご飯を食べるようになる前は、食事時間が少し遅れると、ひもじくなり気力も萎えたが、今では一食抜いてもひもじさを感じなくなった。

食糧自給のできないわが国は、大豊作だという今年も十億ドル相当の穀物を外国から高い値段で購入しなければならなかった。世界で三番目の債務国として借金の山の上でふらふらしている経済構造の国が、どうして他国のように暖衣飽食し、浪費できよう。

毒ヘビやセミの幼虫からミミズ、猫まで、いわゆる精力増進食品と称し、輸入して食べる厚かましくも浅ましい男たちが、自分たちだけ楽しく長生きしたいという世相ではあるが、絶対多数の貧しい人びとのことを考えて、少しは自粛してもよさそうなものだ。

古今東西の養生法はどれも質素な食事を勧めており、美食せよとは言っていない。それに、人間の健康は食だけで維持できるものではない。

健康を維持したいなら、何よりもまず心の安定を優先しなければならない。体は心の影のようなものだから、どんなに高価なサプリメントを常時摂取しても、心が安定していなければむしろ毒になるのだ。自分の心もコントロールできずに美食し横柄に振る舞う人間ほど、たいていが高血圧とか心臓病、糖尿病などの文明病に罹っているではないか。

心を安定させるには、まず心を乱れさせないことだ。身の丈に合わない欲望が私たちの心をちりぢりに乱す。外ばかり見ていた視線を内側に向け変えねばならない。外ばかりを見ずに心を省みるとおのれのありのままの姿が見えてくるのだ。

休静《ヒュジョン》禅師（一五二〇―一六〇四）の『禅家亀鑑』に次のような一句がある。「守本真心　第一精進」すなわち自己自身の純真な本来の心を守ることが最も大切な精進である、と。

人はそれぞれ自分の色彩と特性をもっているのだから、自分らしく生きようと思えば、その色彩と特性を思いきり活かさなければならない。それでこそ社会的存在として周りと調和できるのだ。ところが、ほとんどの人は自分の特性は埋没させたまま、とにかく他人に似せようとする。これには、今日の教育制度とか社会的な因習にも原因があるが、自分自身をないがしろにした当人に、より大きな責任があろう。

自分の特性を思いきり活かしながら何かに専念するとき、私たちの心は一切の心配や懸念から解放され、透明に穏やかになる。この状態がまさに心の安定なのだ。

次に健康を維持するには、楽しく朗らかな生活を送らねばならない。楽しく朗らかな生活こそ生きるリズムであり、根幹である。楽しさのないところには真の生活もない。

私たちは進んで楽しさを作り出さねばならない。なぜなら、この世の中そのものが楽しいだけのものではないからだ。憂鬱なときには歌ってみよう。ふさがれた胸が少しずつ開いていくだろう。それでもだめなら、深呼吸を何度かやり、部屋の掃除をしてみよう。積もった埃や垢もとれて、心の中に清風が吹きわたり、暖かな陽光が射すことだろう。

何ごとであれ、心の本性に基づく行動は楽しく、逆らうものは楽しくない。どうせ生きるなら、楽しく朗らかに生きたいものだ。それでこそ生きること自体が価値あるものに、かけがえのないものになるのだ。

最後に、健康を維持したければ、まともな食事をすることだ。まともな食事とは、美食ではなく、合理的な食事のことである。前にも述べたように、できるだけ加工しない自然食を摂ることが望ましい。加工食品を開発し愛用していた西洋の人びとも、最近は自ら自然食品を作り愛用しているではないか。

軟らかく甘いものに慣れた舌を、身心の健康のために、汚染されていない自然に誘導してやることだ。心の安定や楽しく朗らかな生活には、食べ物が重要な作用を及ぼす。

私たちが毎日食べたり飲んだりしているものが、血になり神経組織を維持するのだから、食べ物は精神作用に重要な影響を及ぼす。したがって、どのようなものを食べるかは、どのような心をもつかという問題と直結する。

一般的に言って、肉食動物は残酷で荒々しく、草食動物は善良でおとなしい。おかしなこだわりかもしれないが、私は人間を見るとき、その人が草食的な人間か肉食的な人間かに分ける。清らかで透明な人とは近づきになりたいが、濁った不透明な人とは近づきになりたくない。

裏庭でボタッ、ボタッと栗の落ちる音がする。また秋が深まっている。

水流れ、花が咲く

山の上ではすでに葉が散り、麓の日当たりのいい所にだけ葉がわずかに残っている。日暮れどき、庭に落ちる山の影がひんやりと感じられるこの頃である。

ジョンナンを新築するのにしばらく忙しかった。便所のことを寺では昔からジョンナンと言う。山を眺める余裕もないまま作業にかまけていたら、いつの間にか葉が散り、冷たい山の影が長くなっていたのだ。

かなり以前に建てた安普請だけに、支柱を立てたり瓦を取り替えたりしたが、暴風雨が来るたびに揺れたり傾いてきたりして、建て直さざるをえなくなったのだ。ちょうど下の本寺（松廣寺）で法堂や博物館の新築といった大きな仏事が行なわれていたので、便乗することにした。

家を建てながら、人間の食と住はどうしてこんなに複雑なのだろうと考えた。食べるだけではすまず、その後始末をする場所も必要なのだから。洋式の家は同じ屋根の下の隅に付属させればいいが、韓屋の場合は母屋から離して別に建てねばならない。親戚の家と便所は遠いほどいいという諺があるほどだ。

ちょうど収穫時と重なって人手が得られず、本寺の大工さんたちが資材を担いで運んでくれた。瓦を運ぶには多くの人手がいるので、農作業が閑になるのを待って運び上げてもらい、屋根を葺きはじめた。足りない瓦は康津《カンジン》の工場から昨日運ばれてきたので、今日で葺き終えるだろう。先月の十二日から作業を始めたから、一か月余りかかったことになる。

竹藪の中に鎮座したジョンナンは、この庵でとりわけ趣のある造作になった。それに玄人の熟練した大工さんたちによって建てられたので、後日、寺院ジョンナン建築のひとつの見本になるかもしれない。

数年前に亡くなられた通度寺《トンドサ》（慶尚南道・梁山市）極楽庵の鏡峰《キョンボン》老師（一八九二—一九八二）は、ジョンナンを解憂所と名づけられた。一切の心配や憂いを放下する所という意味からだ。ユーモア感覚の鋭い方らしい発想だ。ジョンナンの棟上げをした日、私は次のように祈願した。ここに立ち寄るすべての人は、心配や憂いをすべて放下して軽やかな無の心で下山されよ、と。

秋の山を見物に訪れる人の波は絶えない。本寺は市場の雑踏のような有り様で、その余波が山上まで押し寄せている。人間の階層が多種多様なように、出会う人びともそれぞれ異なった言動をする。

「何か御用ですか？」

予告もなしに突如闖入してきた人びとへの私の挨拶だ。

「何となく来ました」

「本寺まで来たついでに来てみたのです」

たいていの人はそう言いながら覗き見をし、すぐ下りていく。見物に値するようなものはなく、あるのは粗末な庵だけだからだ。中には稀に、ご高説を伺いたいと思ってまいりました、と言う人もいる。

そのような人にはいつも、山でも見てお帰りなさい、と言う。ろくにものも見えない私に高説などあろうはずがない。それにどのような高説も自然と比べられようか。自然ほど優れた師匠はどこにもいないだろう。人間の言葉など自然に比べたら、ハエやカのようにうるさいだけのものだ。


山へ行ったら、まず自分という人間から解放されることだ。虚しい言葉の遊びをやめ、口を閉じて自然の一部に帰ることだ。今まで外にばかり気を配っていた目や耳や考えを内に向け、ただ開かれた心で無心に周りを見ながら休むことだ。他にどんな言葉が必要だろうか。

あの愚にもつかない言葉にたぶらかされて、これまで私たちはどれほどものを見る力を失い、聴く力を失ってきたかを冷静に反省することだ。他人の顔色ばかり窺っているうちに、おのれの顔をすっかり忘れたのではないかと反省することだ。他人の言葉にたぶらかされることなく、自分の目で見、自分の耳で聴かねばならない。

それをしなければ、自分自身の生を実現できない。自然は垢に埋もれ憔悴した人びとを清め、受け容れて安息させる。私たちはその胸の中へ歩み寄り、抱かれるだけでいいのだ。そうすれば、磨耗し観念化して皮だけになってしまった私たちを回復させることができるのだ。

いつだったか、学生とおぼしい若者が訪ねてきて、突如、水流花開室はどこかと聞いた。「君が立っているその場所だ！」と言うと、彼は面食らったようだった。

水が流れ花の咲く所はどこだろうか？　むろん山には花が咲き、水が流れる。しかし、花が咲き水の流れる所は必ずしも山だけであるはずがない。たとえセメントの箱のような都会のアパートであっても、まことの生き方を知る人の住む所には、生活の香しい花が咲き、その周りにはいつも生きた清らかな水が流れていよう。

人は、どこでどのような仕事に従事し、どのように暮らそうとも、生活の場の中で花を咲かせ、水が流れるようにしなければならない。さもなければ、日々の生活が無味乾燥で退屈なものになり、生気を失ってしまう。自分自身の立っている場をおろそかにして外を探すのは徒労にすぎない。したがって誰にとっても、各自が今いるその場所が生活の現場にならねばならない。

臨済禅師があるとき法座で語った。

「生きて動いているこの肉身に、自由自在に活動する無位の真人がいて、つねに君たちの五官から出入りしている。まだ知らない者は心眼を開いて見よ！」

このときある僧が前に出て禅師に尋ねた。

「無位の真人とは一体どんなものですか？」

禅師は法座から降りてその僧の胸ぐらを摑んで「さあ言え、言ってみろ！」と大声でたたみかけた。

僧はその意味が分からず当惑するばかり。禅師はすかさず「この無位の真人は何の役にも立たない、干からびた糞搔き棒だ」と言って押しのけた。

どの階級・階層にも属さない真の人間とは、ほかでもない、今この場にいる君自身ではないか。今この場で健やかに生きている君自身をすっかり忘れて、どこを探しているのか、という叱責なのだ。

一人前の男なら天をも突く気概をもっているはずだから、たとえ聖人の道であっても、その道を盲目的には踏襲しない、という主張なのだ。他人の道を行くのではなく、自分自身の道を行く人だけが無位の真人と言えるのだ。

昨日瓦が運送されたようで、作業の人びとが荷を担いで登ってくる声が聞こえてきた。外へ出て手伝おう。今日で仕事を終えたら、わたしの心の奥庭にも花が咲き水が流れるようにせねば。

私の生涯からまた一年が抜け落ちていく。歳月は来るものではなく、行くものなのだろうか？

すべてを捨てて去る

庭の隅に立つホウノキが最後の一葉まで払い落として、裸の枝だけが残った。眺めるだけでもとてもすっきりして涼しげだ。ときどき裸の枝にシジュウカラやヤマカササギが飛んできては休んでいく。僧塔前の桜の木も赤く染まった葉をすっかりふるい落として黙然と立っている。井戸端のイチョウの木もいつの間にかすっかり裸だ。

葉を払い落として裸の枝で黙々と立っている木々を眺めていると、私にも払い落とすものがないか振り返るようになる。木々に比べると、私たち人間は単純でも純粋でもなく、健康でも知恵があるわけでもないようだ。ひたすら多くを所有しようとするだけで、ともすれば互いに憎しみ妬み合いながら暴力を振るおうとし、ときには一寸先も見えないほど凝り固まってしまう、まさに愚かさの極みだ。

今日の午後は、襟元を掻き合わせるほどの冷たい風の吹くどんよりとした天気だったが、山に登ることにした。山に住む人間が山に登ると言うと、おかしいと思われるかもしれないが、畳々たる山という表現があるように、山の中にも登れる山はいくらでもある。

裏の尾根を登りハンノキの林に入った。ハンノキの林も葉をすっかり落として、大小不ぞろいな姿を寄せ合って冬支度をしていた。すっかり裸になった林の中を歩いていると、不思議なことにほんのりと温かい木々の体温に包まれる。葉が生い茂っていたときには感じなかったのだが、裸の枝をつけて立っている木々からむしろ温かい感触が得られるのだ。

人間も同じではないかという気がする。あれこれと多くを所有している人たちからは感じることの稀な人間味が、こぢんまりとした清らかな貧しい生活を送っている人びとからは滲んでくる。この場合の貧しさは与えられた貧窮ではなく、自分の身の丈と器にあった自分なりの生活をするという選ばれた清貧であろう。与えられた貧しさは悪徳であり、恥であるが、選ばれた清貧はけっして悪徳ではなく、むしろ美徳である。

今日のような世の中で安貧楽道などと言えば、皆から嘲笑を買うだけであろうが、昔のわが国のソンビ（学識が高く人格高潔な士）たちは、世の富や名誉や権力に恋々とせず、自分にふさわしい世界を築いて清らかなこぢんまりとした生活を悠々と送ったのだった。誰にでもできることではないが、透徹した人生観をもって自分の専門分野で命を燃やしている人びとには、こうしたソンビ精神と志操堅固な気性が日常の根底になければならない。

何であれ所有し貯め込むことばかり考えていると、人間は粗暴になり鈍感になる。清らかな風が通り過ぎる余白がないからだ。今日わが社会は、共に生きる隣人のことは考えず、各人が自分の取り分を増やし貯め込もうとするために、葛藤と矛盾と不正に苛まれている。一言で言えば、個人とか集団の情緒が不安定になり、生活の真の姿と意味を見失っている。

捨てて空にすることはけっして消極的な生き方ではなく、知恵のある生き方である。捨てて空にしなければ、新しいものの入る余地がないのだ。したがって所有し貯めることは、ある意味では沈滞し古くなった過去の泥沼にはまることであり、所有し貯めても、考えを改めて未練を残さずに捨てて空にすれば、新しい生活への通路が開かれるのだ。

もし木の枝に古い葉がいつまでもついて離れなければ、季節が巡ってきても新しい葉は芽生えないであろう。新しい葉が芽生えなければその木はすでに成長をやめたか、遠からず枯れてしまう病気の木であろう。松、イブキ、竹などの常緑樹も、よく見ると季節が変わるごとに古い葉を落とし新しい葉を展開させる。いつも青々しているのは葉の交替が徐々に行なわれるからだ。

葉のすっかり落ちたホウノキやイチョウは、葉の落ちた跡に来年生える芽をすでに準備している。こうした現象がまさに生態系の自然なリズムなのであろう。このリズムがなければ、命は退屈で無意味なものになってしまう。このように、自然は私たちにとって偉大な教師だ。

ところが私たち人間だけが、とりわけ最近の私たちだけが、自然の秩序に背を向け逆らうばかりか、むしろ破壊しようとするところに根源的な問題がある。秋が過ぎ、冬が来るのを単に季節の循環とだけ解してはならないであろう。それは、非本質的な生活の断片を払い落とすことによって本質的な生活が始められるという暗示であり、啓示として受け容れねばならない。

自然という教師から学ぶには、学習とか予習などは必要ない。ましてや塾での勉強などはむしろ妨げになる。何も考えずに心を空にして見るだけでいい。それから土に親しみ、木々に触れながら枝の先に開かれている空をときおり見上げることだ。空は限りなく開かれた宇宙空間を私たちに抱かせてくれるので、どこか一か所にこだわり、そこに安住しようとする執着から解放してくれる。

私たちの生活の現場が壁で囲われ、広々とした空間がないなら、人間の意識は生気を失い、やがて萎れてしまうだろう。余白は、こうして本質を新たに認識させてくれる。意識の改革とは、すでにあるものの変革ではなく、その空間と余白から探し出した新しい生活の様式なのだ。意識の改革なしには、新しい生活は実現できない。

葉の散ったハンノキの林でこうした教えを聞きながら、とても新鮮な午後のひとときを過ごしたことが、今日一日の生き甲斐となった。木の幹に触れると、ざらざらした中にもかすかなしなやかさを感じた。世知辛く殺伐としたこの世ではあるけれども、私たちの中にも元来かすかなしなやかさが内在しているという諭しでもあろうか。

山の頂に登り、畳々と連なるはるかな山を眺める。麓から仰ぎ見るのとは違って、視野が一杯に開けるので、心の扉も開かれるようだ。さらに遠くを見るにはさらに一段登れ、という格言の通りだ。昔の絵に、荷物を背負ったソンビが丘の上で遠くを眺めている光景が好んで描かれている。一見退屈に見えるかもしれないが、よく見ると、そこには生活の雅趣とか余裕とか知恵が込められている。

都会のビルから見える光景は見わたすかぎりビルばかりだ。都会には余白と言えるものはなく、ぎっしり建てこんだ過密だけがある。したがって生活の余白をもつのも難しい。余白のない思惟は、ともすれば幻想とか妄想に走りやすい。都会のさまざまな犯罪も、こうしたことと無関係ではないであろう。

空間とか余白は、単に空っぽなのではない。その空間と余白が本質と実相を支えているのだ。日常生活の渦中から一歩身を引き、しがらみを捨てての旅立ちは新しい生活の始まりでもある。したがって、代わり映えのしない繰り返しで、薄汚れ色褪せていく日常の凡俗な生活から飛び出したいなら、木々が身につけていた葉を惜しげなく払い落とすときのような、決断と勇気が必要なのだ。

一年が終わろうとする最後の月に、各自自分なりの生活を送っている私たちは、それぞれ歩んできた道を一度くらいは振り返ってもよいであろう。それまでの生活に満足しているとしたら、その人は新たな生活を放棄した人生の中古品にすぎない。その人はすでに光を失い鈍磨してしまったのだ。私たちが生きるということは、絶えず探究することであり、試みることであり、実験することである。

自然のリズムは止まったり終わったりすることは絶対にない。自然は自らを浄化しながら最も自然に存在する。私たち人間も、食べること、着ること、考え活動すること、対人関係などにおいて、意地を張ったり、見せびらかしたり、虚勢を張ったりせずに、自然になることだ。自然であることが、すなわち健全な生活を可能にするのだ。

そろそろ自炊生活に飽きてきたので、まず古巣から飛び立つことにした。この冬はヒマラヤの地を訪ね、新しい生活を始めてみたい。私の生活は、ほかでもない私自身が琢磨していかねばならないのだから。

鳥たちの去った林は寂しい

カレンダーの三月の挿絵ではヤマツバキが咲いているが、わが庵の周りはまだ雪に埋もれている。それでも小川のほとりに行くと、凍りついた氷の中でヤナギが軟らかい綿の衣を身につけている。

冬の山が寂しいのは寒さのせいではなく、そこに鳥の声がないからだろう。鳥の声は躍動する自然の声であるだけでなく、生命の流れであり調和であり、その和音である。私は今朝、冬山の寂寞の中で時ならぬ鳥の声を聞いた。ウグイスやカッコウやシジュウカラ、ゴジュウカラ、セキレイやコウライウグイス、イカル、ヤマバト、それにコノハズクやアカショウビンの声に、目を閉じ、息をころして耳だけを澄ませた。

昨日町へ行った帰り、あるお年を召した女性信者から頂いた包みを今朝開けてみると、「韓国の鳥」の声を録音したテープだった。これは、ある鳥類学者が林や野原や島を歩きながら採録したものだ。

雪に埋もれた庵で録音された鳥の声を聞いているうちに、時間と空間を超えた別の世界にいるような気持ちになった。清らかに流れる小川のせせらぎの音に混じって聞こえる美しい鳥たちの声を聞いていると、突如として新緑の鬱蒼とした林から青々とした樹の匂いが押し寄せるようだ。それに、明るい陽差しが斜めに差し込む林の小道に咲く草花や、青々とした苔がまざまざと目に浮かぶ。

想像力が描き出すのは、かつて経験したことの残影か、未だ実現していない希望的な事柄であろう。そうだとしても、よい想像はそれだけで活き活きとした喜びを与えてくれる。反対に、暗く不愉快な想像は私たちを憂鬱に、不幸にする。考えとか想像もひとつの業《ごう》となるからだ。

何年か前の早春、麗水《ヨス》（全羅南道）から船に乗り、南海の離れ小島、白島《ペクト》に行ったことがあった。白島はまだ人間によって汚されていない、天然の美しい無人島だ。時間があったので、ついでに巨文島《コムンド》の灯台とその途中に咲いているツバキを見るため、尾根道に上がった。

そのとたん、イカルの鳴き声が聞こえたので、聞き耳を立てた。ツバキの花の下で思いがけないイカルの声を聞いて、どんなに嬉しかったことか。ひとしきり胸が高鳴った。陸地の山では五、六月にならないと聞けない声なのだ。その日一日が限りなくありがたく思えたものだった。

今朝、鳥たちの声を録音で聞きながら新しい事実に気がついた。イカルとウグイスの声は何気なく聞くと似ているが、よく聴くとウグイスはイカルに比べ声量が乏しく、少し固く、尻下がりになる。イカルは声帯が滑らかなようで、とても音律的な声をもっている。

もうひとつこのテープから学んだのは、林に新緑が広がる頃によく聞いていたが、名前の分からなかった声が、ひとつはセグロカッコウ、もうひとつはツツドリであったことで、嬉しかった。

透き通った玉の転がるようなアカショウビンの声を聞いていると、仏日庵のホウノキが思い出される。アカショウビンは、嘴から脚、羽まで、全身に赤色をおびた夏鳥だ。庭の際に立っているホウノキには、鳥の巣穴が下から上へ四つも並んでいる。初夏にキツツキが雛を孵《かえ》すために嘴でつついて開けた穴だ。ところがアカショウビンが毎度のようにやって来ては、図々しく占領して主人のように振る舞っている。人間に喩えれば、さしずめ厚かましい家ドロボウというところか。ともあれ、その鳴き声だけは聴くに値する。

南面の庭では、今頃梅が咲いているだろう。梅が咲く頃になると、セキレイが庭に下りてきて小走りに駆けたものだ。セキレイの鳴き声を聞いているうちに、梅の便りが気になった。

昇州《スンジュ》・仙岩寺《ソナムサ》（全羅南道・順天市）の梅林は見事なものだ。石垣に沿って並んだ梅の古木が、その石垣と美しい調和を醸し出している。その古風な佇まいは、悠然たる、気品にあふれた昔のソンビを彷彿とさせる。節くれだった枝に花が咲くと、その上品な香りが旅人の足の運びを弛めさせた。

ソウルの大学で国文学を講義しているある教授は、毎年梅が咲く頃になると、夫人を伴って南道（全羅南道）の梅を見に行く。そのついでに仏日庵に立ち寄ってくれるので、夜更けまで梅の花について語り合う。花を愛し、花を話題にしていると、私たちもいつしか花のようになるようだ。光陽《クアンヤン》（全羅南道・光陽市）のどこかに、梅の木が数万本もある広大な梅林があると聞いたので、この春一度行ってみたい。セキレイの鳴き声に聞き入っているうちに、連想の翼が梅にまで及んだようだ。

峰の向こうからであろうか、かすかなカッコウの鳴き声が聞こえる。カッコウの鳴き声は人の胸に一種の無限のはるかさを植えつけるようだ。明るく明朗なコウライウグイスの鳴き声は耳から聞こえるが、何か恨みでもこもったようなカッコウの鳴き声は胸に響く。夜鳴くコノハズクの声を冷たい金属性を帯びた金管楽器だとすれば、遠くから聞こえるカッコウの声は、ほのぼのとした、月の暈《かさ》のようにおぼろげな木管楽器でもあろうか。

コウライウグイスの声は、何人かで聞くとより楽しいけれども、カッコウの声は、独り壁にでも寄りかかりながら聞くのがいい。南道の山々には、毎年五、六月頃、決まってコウライウグイスやカッコウが訪れる。その声を初めて聞くと、何とも嬉しく、ちょうど前山の上に登ったばかりの満月と対面するときのような懐かしさだ。コウライウグイスの声を聞くときは近ければ近いほどよく、カッコウの声ははるか遠くから聞こえるのがいい。

昔、春園（李光洙・小説家、一八九二―一九五〇）の文章で読んだようだが、一族の乙女が愛する男に捨てられて寝込んでしまい、やせ細っていく。ある日、見舞いに行くと、消え入りそうな声で乙女は言った。

「おじさん、私は死んだらカッコウになって、山々を飛び回りながら、私の恨みを歌います……」

カッコウの鳴く声を聞いていると、幼いときに読んだこの言葉がふと思い浮かぶことがある。ヤマバトはまた、どんな恨みがあって、ああも切々と悲しげに鳴くのだろう。咽ぶように泣くヤマバトの声を聞くと、私の胸まで悲しみで押し潰されそうだ。

周りから鳥の声が消えてしまったら、私たちの人生はどんなに味けなく干からびたものになるだろう。鳥の声は単なる自然の声ではなく、生命が生き躍動する声であり、自然が聞かせてくれる美しい音楽なのだ。ところが、この鳥の声がしだいに私たちの周りからなくなりつつある。残念なことだ。

スズメの雛やカササギ、希少な鳥類までも人間は捕食し、毒性の強い農薬によって田畑や林で鳥たちは無残に死んでいる。ひどい大気汚染を嫌って、留鳥も渡り鳥もこの地から遠ざかっている。

鳥が居つかない林を想像してみよう。それはもはや生きている林とは言えないのだ。同様に、自然の生気とか和音に接することができなくなれば、人間の生活も深刻な病に罹っているのだ。

世間では口さえ開けば、経済、経済と叫んでいる。人間の本当の幸せとか生きる価値がどこにあるのか、よくよく考える必要がある。私たちを幸福にしてくれるのは経済だけではない。幸福の種はどこにでも無数に転がっている。ところが、幸福になることのできる心を私たちは失いつつある。

鳥たちの去った林は寂しい。

君は人生のどの辺りにいるのか

十二月だ。いつの間にか一年の最後の月になってしまった。過ごしてきた日々をこと新しく振り返ることのできる山頂に立ったことになる。

マルチン・ブーバーがハシディズム（ユダヤ教神秘主義）に基づく『人間の道』で述べた言葉がふと思い浮かぶ。

「君は人生のどの辺りにいるのか？　君に与えられた何年かが過ぎ、何日かが過ぎたが、君は人生のどの辺りまで来ているのだろう？」

この文章を目だけでやり過ごさないで、一語一語声に出して読んでみよう。

自分自身へのこの問いかけを通して、私たちは各自が過ごしてきた歳月の重さと輝きを少しは推し量ることができるのではなかろうか。ときどきはこうした問いかけによって自分の人生を振り返ることだ。

歳月は来るものではなく、行くものだという言葉が実感される十二月だ。今年一年をどのように過ごしてきたのか、何をしながらどう生きてきたか、どのような隣人と会い、どれほど心の交流をしてきたか、子供たちへの気遣いが真に子供たちのためだったか、もしかして自分のためでなかったか、を反省できねばならない。

反省をおろそかにすると、機械的な無表情な人間になりがちで、動物的な面だけが強くなって全体の調和が失われるのだ。

私たちが同じ生物でありながらも人間でありうるのは、自分の生活を振り返り反省できる機能をもっているからだ。

もう一度小さな声で訊いてみよう。

「君は人生のどの辺りにいるのか？　君に与えられた何年かが過ぎ、何日かが過ぎたが、君は人生のどの辺りまで来ているのだろう？」

このように問うことによって、私たちは心の奥深くから聞こえてくる自分の真の声を聴くことができるのだ。

去る十月中旬のこと、土ブロックの型の件で、午後遅く利川《イチヨン》（京畿道・利川市）のある陶芸園に行った帰りのことだった。その日は快晴の爽快な秋の日和だった。ちょうど陽が沈んだ直後だったので、車はテールランプを点けて走っていた。

雲一点ない澄みわたった空の色がこの上なく美しかった。暗闇が覆う直前、夕陽の透明な光が山裾と稜線をくっきりと浮かび上がらせていた。柔らかな稜線が、あたかも宇宙の伸びやかな律動のように感じられた。ふと見ると、尾根の上に糸のように細い三日月が懸かっていた。稜線の上に広がった空は静寂と平和に染まっていた。時間とともに夕焼けは薄らいで暗闇が覆い、山の輪郭も定かでなくなった。三日月が輝きを増し、幼な子の瞳のような宵の星がちらほらと輝きはじめた。

ちらちらとこのような風景を車窓から見ながら西に向かって走ってきたのだが、この暮れなずむひとときが、この日の最も美しく感動的な時間であった。

自然はこれほどに美しいのだ。

自然はまことに神秘的だ。

与えられているこのような美しさとか神秘に、日常の私たちは気づかずに見過ごしている。このような美しさや神秘を、そのような静寂と平和を、一生の間に何度見たり感じたりできるだろうか。

私たちの感性が鋭敏で透明であったときは、路傍に咲く一本の草花にも歩みを止めて見とれ、その美しさと命の神秘に感動したものだった。日暮れには、夕焼けを前に思わず手を合わせたいほど敬虔な気持ちになりもした。ちょうど昇りはじめた満月を見ては、家族の皆に大声で、見て、見て、と叫んだものだった。

この文章で時制をことさら過去形にして表現したのは、今日のわれわれが自然や生命の神秘に無感覚な生物に硬直しつつあるからだ。

私たちの生活形態が産業化とか都市化、あるいは情報社会に傾斜すればするほど、事物の美しさとか生命の神秘は、私たちの生活を支える基礎にならねばならない。国の内外を問わず、世の中が不正とか没義道《もぎどう》、暴力、殺戮などで混乱を極めているのも、もとを正せば、美しさと生命の神秘をないがしろにした非人間的な現代社会の病なのである。

人間としての私たちが、どのように生きるのが人間らしい生き方なのか、人類の歴史が始まって以来繰り返し論議されてきた。ひと言では片づかない複合的な事柄ではあるけれども、事物の美しさとか生命の神秘を間近で見守り、感じることができていたなら、今日のような、荒涼として殺伐な〝人間の終末〟をわれわれ自らが招くことはなかったろう。

私たちの生活の場に、人間を信じて遠路はるばる訪れ、憩おうとする客——渡り鳥を、銃で無残に殺す人間。そういう人間を、果たして子供を産み育てる人間、一族を養い後見する人間と同列に置けようか。この地上で生きる、同じ生命体として共に生きている罪のない野生動物たちを罠にかけて乱獲し、根絶やしにしている輩《やから》を、同じ人間の仲間に加えることができようか。

この地上から鳥や野生動物などの自然界の友がいなくなれば、人間だけが残される。家電製品やゴミ、自動車や煤煙に取り囲まれたわれわれ自身を想像してみよ。何と身の毛のよだつ光景ではないか。それはもはや人間ではない。これまでのような生物ではない、怪物であろう。

感傷と感性は、発音は似ているけれども意味は異なる。人間の認識能力としての感性が麻痺してしまうと、もはやまともな人間とは言えなくなる。対象から受ける感じから心が痛むことを感傷と言うが、感性が鈍くなると感傷も機能できなくなる。どのような現象であれ、それに対して無感覚で無感動なものは生物ではない。

経済だけを最高価値とする現代社会においては、人間の最もひそやかな奥庭である感性が干からびていく。もう一度耳を澄まして聴いてみよう。

「君は人生のどの辺りにいるのか？　君に与えられた何年かが過ぎ、何日かが過ぎたが、君は人生のどの辺りまで来ているのだろうか？」

日々新たに

今日は風が吹き荒れている。肌を刺す寒風が枯葉をあちらこちらに追い立てる。寒さのせいか、裏庭でミズナラをタタタと鳴らしていたキツツキの姿は今日は見えない。明るい陽の射す障子の下に置いた、苔むした石の緑がとりわけ鮮やかだ。

一昨年の冬、部屋の中に生き物の気配がまったくなかったので、何とも殺風景であった。瑞々《みずみず》しい生命の色である緑が消えた冬の庵は索漠としていた。ふと水辺を見ると、ひっそりと半分ほど水に浸かった石が全身に絨毯のような緑の苔をまとっていた。拳ほどの大きさの石だが、白い水盤に置くと、部屋に雅趣が漂いはじめた。何気なく眺めると、ちょうどウサギがうずくまっているような形だ。

ときどき水を換えてやりながら、ひと冬を私たちは仲良く過ごした。私の話しかける言葉を石は黙って聞いていた。その沈黙を私は心の耳で受け取った。私たちは見交わし、お互いに邪魔にならないようにそれぞれの仕事をしながら、ひとつ部屋で過ごした。

谷間の氷が融け、梅の枝先に蕾が膨らむ初春、私たちは「約束して」別れた。冬に再会することを約束して石を元の場所に戻したのだ。

去年の冬も、その石と私は同じ部屋で共に過ごした。生命の神秘とはよく言ったもので、去年は思いがけなく、その石にセキショウが五、六本根づいていた。こんどは紛れもない耳の生えたウサギになった。

一昨日、本寺に下りて華峰《ファボン》和尚の年忌法要を終えて登ってくる途中、ふと思い立って石を連れに谷川へ行った。

今年の夏の長雨で押し流された土砂に埋まったのではと、心配しながら辺りをきょろきょろ見回すと、あの石がすこし離れた所で懐かしそうにしている。なんと、一年の間にセキショウは三株に分かれ、十六本もの茎が茂っていた。命はまことに驚くべき神秘だ。

インドの世界的な師、クリシュナムルティの表現を借りると、生は驚くほど深く広い何かである。ひとつの偉大な神秘であり、私たちの生命がその中で動いている巨大な国だ。生存のための金儲けだけに終わるなら、私たちは生そのものを見ることができなくなる、と。

まことに生は驚異であり神秘である。人生だけが生なのではなく、鳥や花、木や川の流れ、星や風、土や石、このすべてが生なのだ。宇宙全体の調和がすなわち生であり、生命の神秘だ。生はびっくりするほど美しいもの。このような生の流れを誰も押しとどめることなどできはしない。どのような制度もこの生命の神秘を抑圧することなどできはしないのだ。
「若いときに生に気づかなければ、人は荒廃した内面のまま年老いていくだろう。外見では金持ちで高級車に乗って威張っていても、内面は鈍感で中身のない人間になるだろう」これも、クリシュナムルティの言葉だ。

冬の間、わが「ウサギ」は、ときどき換えてやる湧き水と林を吹きわたる風、障子に射す陽光を食べて生きていく。そして私の目差しの中で生のひそやかな花壇を育てている。私たちは互いに無言で見交わす目差しを通して、存在のほのかな喜びを分かち合っている。

一年がまた暮れようとしている。何年か前の大晦日のあの経験が思い出される。その日の日課を終えて床に入り、目を閉じようとして、ふと「今年何歳だっけ?」と振り返った。歳をことさらに数えたり意識したりすることのない立場なので、奇異な疑問だった。自分の歳を数えているうちに、明後日になると五十歳じゃないか? 遠からず六十、七十に?」その瞬間目眩がした。私がいたずらに過ごした日々の方が、残された日々よりもはるかに多いことに今さらながら気づき、虚無感に打ちのめされそうになった。
すぐに思い直して、冷静に考えると、人間がもし百年、二百年生きるとして、良いことがあるだろうか。そうなったら、人間はどんなに醜く、浅ましくなるだろう。樹木は年輪を重ねるほど堂々として気品が増すけれども、人間は歳をとると、使い古した車輪のようにガタガタになり、老醜を晒《さら》すことになる。だから、ほどほどに生きたら生に未練を残すな、ということなのだろう。

目がかすみ、耳が遠くなるのも、それまでの人生で見るほどのものは見、聞くほどのことは聞いたのだから、老いたら、細々としたことは捨てて必要不可欠なものだけを見、聞けという意味かもしれないのだ。

ある朝突如往生すると、無念でもあり名残り惜しいだろうから、あらかじめ少しずつ朽ちていく練習をしておけという配慮でもあろう。

これもまた生命の秩序であり、調和でなくて何であろう。

この世に生まれるや否や死ぬ赤子もいれば、十歳になる前に痛々しく死んでいく子供もいれば、ろくに花を咲かすこともなく、二十とか三十を前に非業の最期を遂げる人も無数にいる。したがって、私はこの苦難に充ちた歳月を半世紀近く生きたのだから、今死んだとしても思い残すことは少しもない。

問題はどれほど長く生きるかではなく、与えられた命をどのように生きているかだと思い至ると、先ほどの目の眩むような虚無感はすぐに消えてしまった。瞬間瞬間最善を尽くして人間らしく、自分らしく、後悔せずに生きることが新たな課題となった。

九十を過ぎるまで長生きして亡くなった何人かの老僧の臨終を目の当たりにして、切実に感じたのは、あまりにも長く生きるのは本人にとっても周りにとっても重荷になり恥になるという事実だ。

できることなら、私は人間としての機能や役割が終わるその日に、未練なく体を換えたい。何日間か延命させようと注射針を刺し、無理に口を開いて薬を飲ませようとしたら、私は怒り、怨むだろう。人間は生きるときも輝かねばならないが、死ぬときにもその輝きを失ってはならない。生と死は分かつことのできない外と内の関係と言われるだけに、なおさらである。

高麗中期の卓越した禅師・真覚慧《チンガクヘ》（一一七八—一二三四）は元日の朝次のように語った。

「子供には一歳が増え、老人からは一歳が減らされ、老若に無頓着な者には増減はないだろう。増減があろうがなかろうが、すべてを取っ払ってしまえ。取っ払った後はどうだ?」

雲を摑み霧を握る生きた竜が、腐った水に浸かっているだろうか。太陽を追い風を従える勇猛な馬が、枯れたツバキの下にうずくまっているだろうか。

日々新たでありますように。

出家

昨日から林では風が吹いている。激しく吹き過ぎる風の音が、海岸に押し寄せる波の音のようだ。林道には落ち葉がうず高く積もっていることだろう。葉の落ちたあとは、裸の枝だけが初冬の空の下に寂しく残るだろう。

枝を離れた葉はどこへ行くのだろう。あちこち風に吹き飛ばされながら、最後はどこかの木や草の根元に横たわって朽ちるのだ。やがて春が訪れると根に吸収され、樹液に運ばれて、新しい葉や花に変身することだろう。そうだ、木の葉のように枝から離れなければ、変身は不可能なのだ。

昨秋、再び山に帰ってきた当時、枯れ葉の転がる音で夜中に何度も眠りから覚めた。無言の山ではあるが、裏庭で転がる枯れ葉の音ひとつで私を呼び覚ましたのだ。それまで過ごした世間で鈍くなってしまった私の耳を、山の風がきれいに洗ってくれようとしたようだ。

人は自分の環境を改善しようとする意思をもっている。こうした努力は個人であれ組織であれ変わりはない。権力をもっている人は組織の力を借りて自分の環境を改善しようとする。既存の秩序に莫大な被害を及ぼしても、自分の意思を押し通し、望みを遂げる。

しかし、権力も組織ももたない個人が自分の環境を変え、再構成しようとすれば、自己の限界を知っているので、周りに迷惑をかけることなく、自ら身を引き、すべてを捨てて去る。息もつまるような組織の鉄鎖から抜け出して、自分にふさわしい世界を構築しようとするだろう。出家とはこのように、捨てて去ることだ。住み慣れた家、執着の家、葛藤の家から去ったという意味で「出家」と言うのだ。また、貪欲の束縛から脱け出たという意味から「離欲」とも言い、塵芥の世間(塵芥圏)から抜け出したということから「出塵」とも言う。したがって、出家とは消極的な逃避ではなく、積極的な追求であり、終わりのない生命の発現なのだ。

出家して修道している人びとは、しばしば歌謡曲調の質問をされる。「どうして出家してお坊さんになったのですか?」このような質問は、カトリックの神父や修道女の場合も同じだろう。津々《しんしん》たる好奇心で訊くのだろうが、訊かれる方にとっては、文字通りの歌謡曲調の好奇心にすぎない。週刊誌のネタになるような奇抜な事情なら、質問する人たちの期待に添うのだろうが、そうでない場合は、こちら側がむしろ恐縮する。

かつて講演の中で、こんな話をしたことがあった。シャカムニと同じような環境にいたら、私たちのような人間は出家しなかったろう、と。彼には美しい妻アショタラがいた。現代の美女のように顔や体形だけがきれいなのではなく、智慧と徳も備えていた。つまり智慧と徳を兼ね備えた美人を伴侶としていたのだ。

さらに彼には王権が保証されていた。国民の顔色を窺ったり、改憲したりする苦労をしなくとも、据え膳のような専制君主の絶対権力をである。その上、潤沢な富にも恵まれていた。ところがこれらすべてを捨てて旅立ったのだ。誰が何と言おうとも、それらは彼の望むものではなかったからだ。

それでは、お前はどうして出家したのか？　仏様が今ここで尋ねても、私は次のように簡単明瞭に答えるだろう。私らしく生きるために、自分の生きたいように生きたいからです。世の中が儚《はかな》いからとか、仏教の真理に魅了されてとか、衆生を済度するため、などと言うことはできない。儚いのは世の中だけではない。出家の世界も同じく儚いのだ。出家以前の私は仏教が何かも知らなかった。衆生済度云々は、現在の韓国仏教徒の境遇からは、もってのほかの表現だ。それでは、どうして無数の選択肢の中から仏教修行僧の道を選んだのか。それは、言葉では言い表しにくい、私の生命の要求であったのだろう。時節因縁に導かれて、それ以外には行けないような、幾世にもわたる因縁の糸が私をこの道に導いたのだろう。

自分らしく生きようとする人間が自分らしく生きているときは、感謝と歓喜に満たされるが、そうでないと苦しい。自分に与えられた生を浪費することはできないからだ。だから、再び捨てて去る練習をする。日常が安易に、無気力になり、これはおかしいと思ったら、持っていたものを捨てることから始める。本を整理して配り、衣類を分け与える。さらに、通り一遍の人間関係を刈り込む。それでも満足できなければ、さっさと旅立ってしまうのだ。

出家生活を始めて二十年になるが、その間何度かそのような所業を繰り返してきた。澱んだ水は腐るものだ。沈滞の淵から出て広大な海を目指して流れるとき、水は本来の命を得る。波立ち流れる水は止水と同質であるはずがない。縛られることの少ない独身の出家修行者は、行動が比較的自由だ。初期僧団では、一本の木の下に一日以上とどまってはならないとされた。そのわけは、住まいに執着してはいけないということであろうが、つねに旅をしながら修行し衆生を教化せよという意味合いが強かったろう。

後期になると、安居《あんご》中は一か所にとどまって修行する義務が課される。安居の後の遊行期には、雲や水のように、何ものにも縛られずに生きよという意味から、雲水僧あるいは雲水行脚という呼称が出てくる。雲水行脚こそ、出家修行者が享受できる最も晴れ晴れとした喜びであろう。

しかし出家の本質的な意味は、必ずしも頭を丸めて修道僧になることだけではないであろう。一般市民とは違う制服を着て、生活様式を異にして暮らすことは、宗派的な出家生活にすぎない。本質的な出家とは、非本質的な自己から抜け出して本質的な自己に帰ることである。すなわち、すべてを捨てて旅立つことによって、繰り返し生まれ変わることができねばならないのだ。枝を離れた木の葉が根元に帰り、新しい芽を出すように。

人間が与えられた環境だけで満足できるなら、一般の動物と何ら変わらない。意思的な努力を通して自己を再構成し、自分のいる環境を絶えず改善していくことによって高等動物としての務めが果たせるのだ。


大きく捨てる者だけが大きく得ることができる、これが出家の永遠の教訓である。捨てなければ、新たなものは得られないからだ。

無我という言葉は、自己自身をすべてなくせという意味ではなく、非本質的な自分をふるい落とすことによって本質的な自己を画然と目覚めさせる、という意味だ。それには、まず捨てて旅立たねばならないというのが、インド人の伝統的な思考方式であった。真理を具現しようとするなら、探究するだけでなく欲望を捨てる強固な意志がなければならないのだ。

ラーマクリシュナの『コタムリト（不滅の言葉）』には、こんな逸話がある。


ある男が肩に手ぬぐいを掛けて沐浴に行こうとしていた。そこへ妻が出てきて言った。

「あんたは能なしで年ばかりとって、毎日ぶらぶらしているだけ。困ったもんだよ。私がいなければ一日だって生きていけないよ。隣の誰それは十人余りいる妾《めかけ》をひとりずつ捨てているそうよ。あんたにはそんなことできないだろうけど」

男は答えた。

「ひとりずつ捨てているって？　その男は全員を捨てることはできないだろうよ。本当に捨てる人は、ひとりずつ捨てはしないよ」

妻はあきれた顔をして夫をあざ笑った。そのとき男は妻に言った。

「本当に捨てることのできるのは、この私だ。見ろ、私はこんな風に旅立つのだから」

男は手ぬぐいを肩に掛けたまま家を出てしまった。家の中を整理するために帰ることも、家のほうを振り返ることも一度もなかった。


このような行動を離欲あるいは出家と言う。得心がいったら即座に捨てる。捨てるには、きっぱりした意志が働かねばならない。ひとつずつ捨てようとすればきりがないけれども、ふらりと旅立てば、すべてを一時に捨てられるのだ。より多くのものを持つことができずに不自由を感じる人もいようが、すべてを捨てて旅立つことによって、かえって晴々とした自由を享受しようというのだ。私の人生を私が生きるために。

落ち葉は根に帰る

夜が明けたので窓を開けると、昨夜降りた淡い初霜で山も川もすべてが白く凍りついていた。雪かと見まごうばかりにどの枝も白い霜で覆われている。深い山奥だから麓とは違って、雪が降る前に連日淡い霜が降りる。

この秋、青空の下で眩しいくらい黄色い光を存分に放っていたヒマワリは、いつしか腰が曲がり、花を支えていた茎も花の重さに頭を垂れている。生気に溢れていたあの黄色い光はどこへ消えてしまったのだろう。くすんだ褐色に変わった種を宿す頭部は寡黙である。このヒマワリは、ゴッホの好きな友人がアムステルダムの「ヴァン・ゴッホ・ミュージアム」で買ってきた種を植えたものだ。

軒が深いため薄暗い部屋に、ヒマワリを一輪飾るとほのぼのと明るくなる。食卓にヒマワリを一輪挿しておくと、おかずがなくても豊かな食卓になる。そのとき写した何枚かの写真を取り出して見ると、歳月の無常さが、海から昇る太陽のように迫ってくる。若いときに写した写真を霊前に飾ったときのような奇妙な感情。

花はどうして咲き散るのか知る術はないけれども、私たちが精一杯生きて、時が来れば生涯を終えるように、生命の秩序という点では、花も人間も違いはない。木々は春が来れば花を咲かせ、冬が来れば着物を脱ぐ。花は見る人に美しさと香りと喜びを与えてくれる。一輪の花が、渇き錆つきやすい私たちの日常にどれほど慰めや活気や喜びを与えてくれているか、潤いのある生き方をしている人ならいつも経験していることだろう。

花のある家とない家とでは、外から見るかぎりたいした違いはないように見えるが、その中で営まれる生活の質という点では、天と地ほどの隔たりがある。通りで花を抱えたり手に提げたりしている人を見かけると、その人の身なりがどうであれ、親近感がわく。その人の花のような心根が垣間見えるからだ。

ハワイへ行くと、出迎えに来た知人たちが首にレイを掛けてくれる。レイの香りの濃厚さに、夜間飛行の眠気からいっぺんに覚める。ハワイの大学で講演をしたことがあったが、演壇に立つと誰彼となく列をなしてレイを掛けてくれるので、顔までかくれてしまい、大笑いした。

最近、私の庵には山の麓で手折ってきた黄色い小菊が一束壺に活けられ、ほんのりとした香りを漂わせており、窓辺には赤い実が鈴なりについたサンシュユの一枝が素焼きの瓶に活けられて玲瓏《れいろう》たる光を放っている。こうした花や実が山中の庵のこぢんまりした佇まいを引き立ててくれる。サンシュユは、早春に雲のように咲く淡黄色の花も見応えがあるが、晩秋から冬に至るまで清涼な空のもと、赤く下っている実もまた眩い調和を醸し出している。

私がもう少し暇になり枯れてきたら、硯で墨を磨り、この菊の香りとサンシュユの実の見守る中、無心に筆で遊ぶだろう。

この世に生きているすべての生命体は、授受の関係の中でその生命を維持していく。根は大地から絶え間なく受け取り、そのお礼に花と実を大地に返すのだ。もらってばかりいて与えなければその命を持続できないのが、宇宙の秩序であり、循環の法則だ。昼は夜が支えてくれるから明るく、夜は昼が明け渡してくれるからその場に闇が出現する。

物質万能に陥っている現代の私たちは、無知によって、地球のあちこちであの宇宙の秩序と循環の法則に叛いている。今日深刻になっている生態学的危機の原因はまさにここにある。

私たちは大地から絶え間なく奪っていながら、何も返そうとはしない。こうして大地はしだいに不毛の土地になり、死んでいく。この地球が死につつあるとすれば、その中にいる人間もまた死につつあるのだ。なぜなら、人間は独立した特別な存在ではなく、地球の一部だからだ。

宇宙の巨大な生命力と私たち自身が一つだという事実を忘れてはならない。淀みが水苔に厚く覆われ腐っていれば、それは川と繋がっていないからだ。生きている川は瞬時も止まりはしない。

以前川辺の東屋に行った折、近くに栗の木が一本立っていたが、まだらに紅葉している葉が夕陽に映えてあまりにもきれいだったので、今でも鮮明に目に浮かぶ。栗の木は今まであちこちで見てきたが、東屋のそばに堂々と立っていたあの栗の木の紅葉ほど美しいのは初めてだった。

暗褐色の枝とまだらに紅葉した葉、清涼な空、黄昏の陽射しが一つになって驚くべき調和を織り成した。まだらに紅葉した葉が川風にはらはらと散っていた。大地からもらったものをどこかへ貯め込まないで大地へ返しているのだ。返さなければ、自分自身を維持できないからだ。この循環の秩序を現代人も学ばねばならない。

地面に落ちた葉は死を恐れない。ただ受け容れる。落葉は命に埋没して過ごすだけで、死などには神経を使わない。それらはその時その場にすべてを委ね、瞬間瞬間をありのままに生きるのだ。死を恐れるのは人間だけだが、それは私たちがまっとうに生きていないからだ。生きるとは、一瞬一瞬新たに発見されねばならない広大な庭だ。

命をあたかも所有物のように考えるから、私たちはその消滅を恐れる。しかし命は所有物ではなく、一瞬一瞬存在することである。永遠なものがこの世にあるだろうか。すべては一時《いっとき》にすぎない。したがって、この一時を最善を尽くして最大限に生きることができねばならない。新たに発見される命は驚くべき神秘であり、美しさに満ちている。

昨夜は強風が谷中を騒がしく吹き荒れたが、陽が昇ると嘘のように穏やかで暖かい天気だ。何年経ったのか糊の滓《かす》がべっとりこびりつき、黄ばんで見苦しい障子紙を剝がして貼り直した。ヴィバルディのヴァイオリンとチェロのための協奏曲「調和の霊感」を繰り返し聴きながら仕事をしていると、生きることがこと新しくありがたく感じられた。

貼り直して透明に明るくなった障子の前に座っていると、私の心の中も透明に明るくなったようだ。こうした障子の前に座り、香りのよい茶を啜ると、言葉では言い表せないある充足感が込み上げてくる。表情のない殺風景な家でも、明るい障子を嵌めるとたちまち生気が満ちて、家は蘇生し息づく。

家自体は何種類もの材料からなる単なる建築物にすぎないけれども、その中に人間が住んで初めて家らしくなる。温かい心をもち、すべてを澄んだ眼で見ながら慈しみ、唇に歌の絶えない人が住んで初めて、家は暖かい空気に満たされ、花が咲き、鳥が訪れる。

この庵に来て暮らしながら、私自身と出会い、私自身を取り戻すことができたことを何よりもありがたいと思っている。過ぎ去った過去の重荷と、迫りくる未来への不安を脱ぎ捨てて、ひたすら今この瞬間を生きる身軽な自由を求めたのである。この瞬間をありのままに生きる人間を縛る鎖はない。記憶の鎖もなく、欲望の鎖もない。小川が流れるように、ただ淡々とすべてを受け容れるだけだ。真の自由は精神に宿るようだ。

私はこの障子のもとに座り、耳を澄ませる。声なき声に聴き入る。沈黙の世界に耳を澄ましていると、存在の場が開ける。この宇宙が一つの巨大な生命体であり、私たち自身もまたその一部なのだ。だからその巨大な生命体に向かって自身を広々と開いておくと、その源泉により近づけるのだ。

霜の降りた谷間をわたる冷たい風に落ち葉が舞っている。落ち葉はその根源である根に帰る。

口を閉じ、耳を傾けよ

木陰に座って山の頂を仰ぎ見ていると、私の心の奥庭でも清らかな樹液が流れ、花が咲き出す。独りで黙々と林を眺めているとき、私自身も一本の亭亭《ていてい》たる木になる。何も考えずに空っぽの心で自然に対していると、ひたすら豊かに満ち溢れるのみで、けっして退屈することはない。

このような時間、何かに限りなく感謝したくなる。一日二十四時間の中にこのような余白がないと、私の生活は弾力を失い、すぐにも萎れてしまうことだろう。

今年もボタンが見事に咲いた。冬の間寒くなかったせいか、例年よりも十日ほど早く咲き出した。ボタン畑のそばで同じ頃咲いたアブラナが、ボタンの赤紫と見事にマッチした。花の色と形が似ているのでアブラナと呼ばれているが、実はカラシナである。去年の冬、漬け物を漬けた際残しておいたカラシナだが、春になると華麗な花を咲かせた。

渡り鳥の中ではムクドリが真っ先に訪れた。カレンダーを見ると四月九日、初音を谷中に響きわたらせる鳴き声に耳が冴えた。とても懐かしかった。ボタンが咲き出した日の夜、コノハズクも声帯を開いた。四月十六日であった。続いてシジュウカラも来た。間もなく、コウライウグイスやカッコウも現れるだろう。こうして渡り鳥たちが訪ねてきて初対面の挨拶を送ってくると、毎年のことながら心が騒ぐ。鳥の歌声（鳴き声ではない）は眠っている私たちの魂を呼び覚ましてくれる。干からびそうな胸に水分を補給してくれる。

去る四月初め、南海の離れ小島、白島《ペクト》を見物した帰りに巨文島《コムンド》に立ち寄った。そこにはわが国で最初に建てられた灯台があるのだが、その灯台へ行く途中のツバキ林の中でイカルの声を聞いて、終日幸福感をもてあましたものだった。

自然はこのように多くの贈り物を無償で与えてくれているのだが、日常生活で消耗した人間たちはその贈り物を受け容れる術を知らない。受け容れるどころか、どれだけ多くを破壊し汚していることか。受け容れるには、まず口を閉ざさねばならない。そして耳を傾けて見守らねばならない。ところが、ほとんどの人間は日常染みついた習性があだになって、せっかく自然の胸に抱かれながらも、口を閉じ、耳を傾けながら見守ろうとはしない。残念なことだ。

あるとき、こんなことがあった。手帳を見ると四月九日の午後と書いてある。仕事のため外部から妨害されたくない日には、履物を台所に取り込んで雨戸を閉めてしまうことが間々あった。その日も読みかけの本を読み終えようとしていた矢先、外で人の気配がした。声からして若い男女のカップルのようだった。

それから二時間近く女がひとりで喋りつづけた。少しも休まずに意味のない言葉を果てしなく吐きつづけた。防音造りでない韓屋なので、読書に集中するどころでなかった。私は目を閉じ呼吸を鎮めながら、お喋りが終わるのをひたすら待った。

虚しいお喋りを相槌ひとつ入れずに聞いている男の忍耐力に私は驚いた。おそらく男は恋に落ちたのであろう。恋に落ちると目も見えなくなり耳も遠くなって、無意味なお喋りも音楽であるかのように誤解することもあろうから。扉を開けて外に出て、今すぐ山を降りろと怒鳴ってやりたい気持ちに襲われたが、恋に落ちて頭が空になった恋人たちに気まずい思いをさせるのを憚って、私も忍耐力を養うほかなかった。

自分の吐き出した言葉を誰かが近くで聞いていると分かっていたら、あれほど何もかも吐き出すことができるだろうか。しかし、心に銘じ給え、誰かが必ず聞いているという事実を。私たちが無心にする話であれ、意味のある話であれ、それを聴く耳がすぐそばにあるのだ。それを神という名で呼ぶこともでき、霊魂と呼ぶことも、仏性と言うこともできよう。人の話はその人の心の内を開示する。その人の話を通して、幾重にも閉ざされたその人の内面世界が透けて見えるのだ。

花が咲き、新しい葉が萌え出る、すがすがしい新緑の林にせっかく来たのだから、何も考えずに空っぽの心で口を閉じ、耳を澄ますだけでも心が満ち足りるはずなのに、人びとはそれを知らない。日常生活の中で垢にまみれ消耗した自身を、いつどのように回復できるのだろう。

口を閉じ、耳を傾ける習慣を身につけよう。言葉が多く、考えることが多いと、真理からそれだけ遠ざかる。沈黙と無想から新しい人生が開けるという事実を銘記しよう。

カトリックの観想修道者トーマス・モートン神父は、その著『観想祈禱』で次のように言う。

「沈黙によって聖人は成長し、沈黙によって神の能力が彼らの内にとどまり、沈黙の中で神の神秘が彼らに知らされた」

それゆえ「独りでいるほど共にいる」ということが成り立つのだ。さらに次のようにも述べている。

「多くの人びとが熱烈に探し求めているけれども、沈黙のうちにとどまる人だけがそれを探し当てることができる。言葉の多い人は誰であれ、たとえ驚嘆すべきことを語るとしても、その人の内部は貧しい。何よりも沈黙を愛せよ。沈黙は口では表現できない果実をあなたたちにもたらすだろう」

仏教の初期の経典である『スッタニパータ』に次のような句がある。

「人は生まれるとき、口の中に斧を呑んでいる。愚かな人間は言葉をみだりに吐き散らすので、その斧で自分自身を傷つけてしまう」

私たちは話さないで後悔するよりも、話してしまったために後悔するほうが、どれほど多いことだろう。

かつて列車でソウルから釜山まで旅行した折、私は自分の忍耐力を試したことがあった。タバコの煙が嫌いなので、旅行ではいつも禁煙車両に乗る。禁煙車両には当然タバコを吸わない人と婦女子が主に乗る。

その日も私は禁煙車を選んだ。私の席からひとつおいた前の席に、子供をひとり連れた三十台前半の婦人とその友人らしい同年配の婦人が座っていた。列車が漢江《ハンガン》鉄橋を渡るや、子連れの婦人が友達に話しはじめた。友達のほうはときたま相槌を打つだけだが、子連れのほうは片ときも休まず喋りつづけた。子供も退屈らしく、お喋りの母親のそばを離れて通路を走り回っていた。

セマウル号でソウルから釜山まで四時間十分かかるが、釜山駅に到着する直前まで、その婦人は少しも休まず喋りつづけた。このような女性を妻に迎え、一生涯共に暮らさねばならない男は、耳の不自由な人でなければ、尊敬に値するほどの忍耐力の持ち主であろう。

その日のセマウル号は燃料の力で走ったのではなく、その女性の絶え間ない〝口力〟で走ったのではなかろうか。耳鳴りでふらふらになって釜山駅に降り立ちながら、そう思った。それからは禁煙車両には絶対に乗らない。

自身の魂を清めるために毎週月曜日を沈黙の日と定めたマハトマ・ガンジーは、次のように諭している。

「先に考え、それから話しなさい。〝もうたくさん〟という声を聞く前に話し終えなさい。人が獣より上なのは、話す能力をもっているからだ。しかし、その能力を不当に行使することをためらわないような人は獣にも劣る」

この文を書き終えようとしているちょうど今、コウライウグイスの初音が聞こえてきた。五月六日、毎年同じ時期に訪れるこの驚くべき秩序。自然の声は人の声に比べ、何と清らかで新鮮なことか。この自然の声に学ばねばならない。それには、まず口を閉ざし、耳を傾けることだ。

第二部―君は幸せか

本当に会わねばならないのは懐かしい人だ。
そばにいても離れていても、懐かしさの募るような人
そのような人とはときどき会わねばならない。
懐かしさの伴わない出会いは、単なる事務的な出会いか
日常のすれ違いにすぎない。

日常の深化

独りで生きていけたならどんなに自由だろう。不自由であるということは、何かに縛られていることであり、どこかに繋《つな》がれていることだ。このように人は本質的に他人や事物と関係づけられている。私たちが生きるということは、このような関係の中で生きるという意味である。したがってよく生きるとは、関係が円満であることを示しているとも言える。

人は生まれるとき、すでに父母と関係を結んでおり、兄弟や、産院や、お金といった流通手段とも関係を結ぶようになる。そして死ぬとき、すべての関係の環から脱け出るのだ。

私たちが生きていく日常生活は、こうした関係の連続である。そして日々反復される日常的な関係の中で、人びとは凡俗に陥りやすい。長年同じように繰り返される生活の中で、自分本来の輝きは失せていく。始まりも終わりもなく滔々と流れゆく惰性の濁流に呑み込まれるのだ。

よくよく見ると、人びとは確かに生きてはいるのだが、自分自身の意思よりも目に見えない外の流れに盲従しているようだ。何のためにこのように生きているのか、知りようもないし、知ろうともしない。

このように、私たちは外の流れとその騒音の中に自分自身を放り込んでいる。外部の騒音は自分自身の声をかき消してしまう。私たちは目を覚ますや否や、外部の騒音が押し寄せる世界に住んでいる。車の走る音、テレビとかラジオの音、電話の鳴る音、言い争う声、近しい者同士の争い、どれも騒音だ。しかし、騒音とは音響だけを言うのではない。対人関係の中には騒音に似たものも少なくないのだ。

こうした日々の不必要な枝葉に妨げられて、私たちの生命は実を結ぶことができなくなる。

ありきたりの日常生活に対する反省は、自分自身の根っこの確認、つまり自分の立場や身の丈を振り返ることである。そして、なくてもよい非本質的な枝葉を思いきり刈り込むことだ。これには決断がいる。意識的であれ無意識的であれ、それまで縛られていた執着の枝葉は容易には切れない。しかし、新たな人生のためには生木の枝を断つくらいの痛みには耐えねばならない。

もちろん、日常性の外に私たちの生活が別にあるわけではないが、その日常性に肯定的な意味が付与されるには、深化が伴わねばならない。深化とは自分自身の人生に節目をつけることで、枝葉を刈り込む痛みに耐えながら自らを刻まねばならないのだ。

私自身を本来的な私にするには、独りでいる時間が必要だ。すべての関係からいったん身を引いた純粋な〝私〟を客観化しなければならないのだ。

「私は誰なのか？」

「私はなぜ生きるのか？」

こうした原初的な人間の問いと向かい合わねばならない。

このとき初めて人間は孤独を感じる。この孤独は、紫色の夕焼けのような感傷ではない。仲間から離れているときに感じる歌謡曲調の寂しさでもない。裸の自分と対面していることから来る戦慄のようなものだ。人間は本来、地平線上に屹立する堂々とした実存なのだ。

レオナルド・ダ・ヴィンチの言葉を想起しよう。

「もし君が独りいるなら、君は完全に君のものだ。しかし、ひとりの友達と一緒なら、君は半分の君だ」

このような孤独は、自由そのものである。それゆえ、自由は孤独なものなのだ。

こうした孤独は絶望と同質のものだ。しかし、自分自身に対する自覚から来る絶望はけっして「死に至る病」であるはずがない。むしろ、外部との関係を絶った純粋な自身に目覚める契機なのだ。このとき初めて、自分の身の丈を自覚し、どのように生きるべきかの決断がつく。

仏教的な表現を借りるなら「真空妙有」であろう。すべての執着から解放されたすがすがしい状態における玄妙な存在、もしくは玄妙な働きが現成《げんじょう》するのだ。

自身の凡俗な日常を余すところなく自覚した人には、新しい目が開く。昨日まで見えなかった事物が見えるようになる。外の騒音にかき消されていた内面の声が聞こえてくる。

自分のなすべきことが分かってくるのだ。新たな使命感から魂は奮い立つ。使命は、他から強制されたものではなく、自分自身で見つけ自ら遂行しようとする〝私の仕事〟だ。その仕事のためにこそ、私のすべてが存在する意味をもつ。そのためにはすべてを投げ捨てる、そうすることでむしろ喜びを感じる、これがまさに使命感だ。したがってそれは、私に新たな勇気と尽きない力をつねに与えてくれる生命の幹なのだ。

生命はそれ自身の中で発展するだけでなく、自身を超えてより高い意味へと発展しなければならない。ちょうど花が果実に変身するように。

このとき初めて、周囲の人びとやすべての事物との関係に肯定的な意味が生じる。前に述べた「否応なく与えられた関係」とは本質的に異なる。今やその人の日々は無意味な繰り返しではなく、新たな深まりの連続となる。日々〝新たな日〟となるのだ。

人はけっして抽象的な存在ではない。私たちが生きるとは、瞬間瞬間自分の仕事をしながら生きるということだ。したがってよく生きるとは、今はダメだけれども、いつかはよく生きるという意味ではない。日々生き甲斐を感じながら生きるという意味でなければならない。

また、他の人と同じように生きねばならないという法はない。人はそれぞれ個性や趣向が異なるのだから、生き方も多様にならざるをえない。問題は何をするかではなく、どう生きるかである。ある意味では、私がする仕事がまさに私なのだ。その仕事を通して自己自身の花を咲かせ実を結ぶ。

「たとえ世界の終末が明日だとしても、私は今日、リンゴの木を植える」

この言葉は、自分のなすべき仕事を黙々とこなしている人のみが発することのできる命の声だ。

清らかな喜び

夕べの礼拝を終えて前廊下に出たとたん、たった今昇った十四日の月が目に入った。雲一点ない、晴れわたった空の下、前山の頂に昇った円い月を見て嬉しくなり、両手を合わせて月光菩薩を拝んだ。夏の夕暮れ、とてもゆるやかにおぼろに見える稜線の上に浮かんだ月は、ひとしお幻想的だ。わが国の古典的な表現に「お月さんのようにきれいな顔」というのがある。素朴だが的確な描写のようだ。

久しぶりに月の出を見て、ひたすらありがたく、嬉しかった。裏の林でコノハズクが鳴き、山の夜は更ける。このようなとき、独りでいることの清らかな喜びが込み上げてくる。

強弁のように聞こえるかもしれないが、独りでいるからこそ多くの隣人たちと共にいることができるのだ。人間だけが隣人であろうか。青々とした木々や穢《けが》れのない鳥や獣たち、それに何ものにも執着することのない澄んだ風、谷から湧き上がってくるせせらぎの音も、懐かしい私の隣人でありうるのだ。このような隣人たちのおかげで、生きる喜びと感謝の気持ちを味わうことがたびたびある。

もちろん、人それぞれに生きる喜びも多様であろう。何億ドルもの収益に生き甲斐を感じる人もあれば、二、三百個の練炭を買い入れるだけで幸福に思う人もいる。田舎の郵便局の集配員で満足する人もいようし、手段を選ばず一国の統治権を手に入れて牛耳らねば気のすまない人もいよう。

私たちのように山奥に埋もれて生きる、うだつの上がらない者たちは、身の周りのとても些細な出来事の中に、こぢんまりとした喜びを見つけることができる。例えば、ゴムひもが伸びきってズボンが始終ずり落ちて困ったとき、新しいゴムひもに換えた後の安心感、これなどもささやかな喜びになりうるのだ。

台所の扉を開閉するたびにギーギー音がして癇《かん》に障っていたが、ふと思いついてロウソクのかけらを溶かして蝶番《ちょうつがい》に塗ったところ、滑らかに静かになった。われ知らず会心の笑みを浮かべたものだ。これもまた、私の小さな喜びだ。

梅雨が明け、ぼうぼうに伸びた草を鎌で刈っていて、草陰に大きなズッキーニを見つけたときの驚き、これも生きる喜びだ。山の向こうからゴロゴロ雷鳴がするので、急いで庭に出て箒で掃き清めたとたん、黒い雷雲に覆われ、夕立が降り出すのを見ていると、心がなごむ。夕立が通り過ぎたあと、生気を取り戻して波打つ葉を見るのも、また楽しい。

極暑が猛威をふるう近頃、昼食後しばらく昼寝をする。京畿道広州市混池岩にある寶元窯《ボウオンヨ》のキム・キチョル氏が私のために作ってくれた陶枕に頭を載せていると、澄んだ松籟《しょうらい》が聞こえる。初めのうちは硬くて輾転《てんてん》としていたが、慣れてくると涼感があって、やわらかい枕は鬱陶しくなった。博物館で陶磁器製の枕を最初に見たとき、古人の生活の優雅さを賛嘆し羨んだものだが、時節因縁に恵まれて私の小さな願いが叶ったのだ。陶枕で目が覚めると、頭は洗ったように澄んでいる。これもまた、こぢんまりした喜びではないだろうか。

仏日庵の屋根には多くの鳥たちの巣があり、私と一緒に暮らしている。七年前、この庵を再建したとき、屋根の軒先にできた瓦の半月形の隙間を塞ぐ板をどちらが作るかをめぐって、大工と瓦職人が言い争いをして、不愉快な思いをしたことがあった。結局、道具の揃っている大工が作ることになったのだが、木材の寸法が合わず、瓦のくぼみ毎に隙間ができてしまった。この隙間に山鳥たちが巣を作ったのだ。主にセキレイとシジュウカラたちが棲む。

あるとき、オンドルをくべに台所に入ろうとしたところ、鳥の雛が地面に落ちてぶるぶる震えていた。綿毛の白いシジュウカラの雛だった。巣から転げ落ちたか、飛ぶ稽古が早すぎて落ちたのだろう。かわいそうになり手を差し伸べると、ピヨピヨ鳴きながら逃げようとする。その声を聞きつけた親鳥が二羽、いつの間にか近くに飛んできて私を威嚇した。

オンドルをくべ終えてからも雛のことが気になり、物陰から様子を窺った。親鳥がときどき虫をくわえてきては雛に与えるのだが、一気に与えるのではなく、何度も雛の嘴に近づけたり遠ざけたりして、飛ぶ練習をさせている。二羽が代わる代わる餌を運ぶこと二日、とうとう雛は自力で飛べるようになった。見守っていた私の肩の荷も下り、安堵の溜息をつくことができた。鳥たちの無上の母性愛に心の中で拍手を送った。

コウライウグイス、カッコウ、コノハズク、イカルなどの渡り鳥たちが季節毎に訪れ、初音を送ってくれるときの胸ときめく嬉しさは、山に住む者だけが味わうことができる。

私の手帳には、このような出来事が重要な事件として記録されている。毎年五月初め、コウライウグイスとカッコウは一日か二日の間をおいてやって来る。ところが今年は、カッコウの来るのが一週間も遅れていたので、とても気がかりであった。五月十一日、茶畑で茶を摘んでいるときにカッコウの初音を聞き、ようやく安堵した。イカルの艶やかな歌声が聞こえると、私も必ず口笛で応える。コウライウグイスも口笛を吹くと、仲間と思うのか、近くに来て歌う。こうしたこともまた、生きる喜びではなかろうか。

最近ウサギが竹林とボタン畑の間をしきりに走り回っている。ウサギを見ると、一昨年聞いた「小さな泉」という歌が蘇る。一昨年のある夏の日の朝、本寺で修練中の順天女子商高の学生たちが庵に登ってきて、朝露のような玲瓏《れいろう》とした声で合唱したのが、この「小さな泉」という歌だった。

奥山の小さな泉、誰が来て飲むの
夜明けにウサギ、目をこすりながら起きて
顔洗いにきて、水だけ飲んで帰った

そう、この歌のように、泉に水を飲みにくるウサギをよく見かける。顔も洗うのか、水だけ飲んで帰るのか分からないけれども、このような穢《けが》れのない獣たちと同じ山中に住んでいることは、こぢんまりとした幸せではないだろうか。

今、煌々《こうこう》たる月が軒端に外灯のように懸っている。眠りについた林に小川の流れる音だけが響く。夜の小川の流れる音、それは休みなく流れる歳月の音だ。

タルハ　ノピゴム　トダシャ（お月様　高く高く昇り）
オクィヤ　モリゴム　ピチュオシラ（遠く遠く　夜道を照らし給え）
（古謡。夫の帰りを待ち焦がれる妻の歌）

清貧の香り

冬の山では雪の花が見事だ。風の凪《な》ぐ中、しんしんと降る雪が枝ばかり残った木に積もり、うっとりするような雪の花を咲かせる。雪だけでなく、霧の湧き上がる所では、寒冷な気温のため水蒸気が枝毎に凍りつき、幻想的な樹氷を咲かせる。あたかもやわらかい月光に照らされた満開の桜を見るようだ。

葉の散った後の枝にできた雪の花を見ていると、空っぽの充溢感が込み上げる。何もない裸の枝に美しい雪の花が咲いたのだ。葉の茂っている常緑樹にはこうした美しさはなかなか見出せない。そこはすでに葉で埋まっており、それ以上つけ足すことができないからだ。

私の道友である彼は、清らかさを身の周りに漂わせながら生きているような人だ。彼の生活空間である部屋に入ると、何も掛かっていない壁と、座布団が一枚あるだけだ。彼のお気に入りの茶道具すら、目障りにならないように押入れにしまっている。袈裟や法衣は最初からお堂の中に掛けておく。不必要なものはすべて片づけ、不可欠なものだけの彼の部屋は、部屋そのものが大きな沈黙だ。このような部屋に座っていると、会話がなくても気づまりでなく、おおらかな気持ちでいられる。

清貧と貧困は共に貧しさを伴いながらも、その意味は根本的に異なる。一方は自ら選んだ貧しさであり、他方は欠乏からくる与えられた貧しさだ。

今日のように物が溢れている世の中では、金持ちになるのは難しくないが、透徹した生活の秩序を自らに課しながら貧しく生きることは非常に困難だ。もちろん、誰もが金持ちになれるわけではないように、誰もが貧しく生きることもできない。要は自分で選んだ道か否かによって生の価値が量られるのだ。

彼の暮らしている周りには、いつも清らかな雰囲気が漂っていた。個人の城とも言える部屋の中は空っぽの沈黙で満たされていたけれども、外は掃き清められて風雅に手入れされていた。部屋の前のたたきには食器が水盤代わりに置いてあり、小さな花弁が二、三枚浮かべてあった。

土壁の下は、季節毎に花が咲くように、ボタン、キョウチクトウ、キキョウ、ショウブ、菊などが植えられ、見事な花壇になっていた。塀にはカボチャの蔦をはわせ、鈴なりの橙色のカボチャが塀の上の瓦と美しく調和した。

彼は草木を愛しただけに花や木の名前もよく知っていた。名前を知って実物を見るのと、知らないで見るのとでは、感興はまったく異なる。ちょうど星座の名を知っていて星空を仰いだときと、白紙の状態で見たときの違いのようなものだ。

彼は植物図鑑をはじめ野生の花に関する本を購入し、それらを同好の人びとにも分け与えた。彼が受け持った仕事のために信徒たちが浄財を集めても、けっして自分のために使うことはなく、新刊の良書を何十冊も購入しては布施するのだった。彼が分け与えた本はどれも彼の人柄と同様、清らかで爽やかな内容のものだった。

平素から口数の少ない彼は、他人に関する話は極力控えた。低い音程の彼は必要以上の話はけっしてしない性格であった。また、怒った顔を一度も見たことがなかった。その彼が困った顔をしたのを一度だけ見た。ほかでもない、隣の部屋に住む老僧が何回か肉を煮て食べるのを目撃したからだった。それからしばらくの間、彼はそこからいなくなった。

清浄な修道場で僧院生活の規範に反して肉食することは、誰が見ても納得し難いことだ。しかし彼は他人を責めず、自らがそこを離れることにしたのだ。悪貨が良貨を駆逐するというのはこのような場合を言うのだろう。濁った水に浸かると自らも濁ってしまう。説得ができない場合にはその濁りから脱け出るほかないのだ。

彼は他人に迷惑をかけるようなことはけっしてしなかった。隣人からお茶に呼ばれても程よいところで辞去した。それゆえ、彼の去った後には茶の香りのような、ほのかな余韻が残った。茶を喫する清らかな席で、いたずらに長舌を弄すると、茶の静寂の徳を分かち合うことができないのだ。

彼は部屋の軒先に小さな風鈴を吊るして聞いていたのだが、ある道友がその清らかな音に無心に聞き入っているのを見ると、それとなく、その風鈴を道友の住まいに吊るしてやった。道友はその清らかな風鈴の音を聞くたびに、彼の爽やかな人柄を思い浮かべるという。

ひとりの人間の清らかで爽やかな生き方は、その人が意識するしないにかかわりなく、共に暮らしている隣人に月光のような、あるいは草の匂いのような、ほのかな優しさを差し伸べるものだ。彼の生き様を近くで見守っていた私は、彼を思い出すたびに、花々を吹きわたってきた柔らかで香しい風の囁きを感じる。

彼はこの冬、どこの山と対座しているのだろう。冬の初めに彼が人伝に送ってくれた、アメリカ・インディアンの智慧に関する本『私はなぜ君でなく私なのか』を読みながら、彼は依然として彼らしく生きていることを知ることができた。

生きている人の香りとは、清らかに爽やかに生きている人品から自然に滲み出る気運であろう。香りのない花が美しい花とは言えないように、香りのない生き方も、まともな生き方とは言えないのだ。

誰と同席しようか

煙突からの煙が低く垂れ込めるのを見て、昼食を終えると急いで掃き掃除をした。庵の周り一面を覆っていた茨の藪と雑木を、去年の秋に切り倒し、今年の春に束ねておいたのだが、まだ薪小屋に運び入れていなかった。ずるずると引き延ばすうちに何度か雨に濡れ、そのつど怠慢を後悔したのだった。

腕と脚が精を出してくれたお陰で、きれいに片づいた。初冬までの燃料としては充分の量だ。汗で濡れた着物を小川で洗って干し、湯を沸かして沐浴もした。

ついでに、自分で竹を編んで造った不細工なベッドを部屋の中に運んだ。夏はオンドルに直に寝るよりはベッドで寝るほうが快適だ。ベッドは幅七〇センチ、長さ一八〇センチ、高さ三〇センチで、なんとか体を横たえられる寸法だ。寝返りを打つたびにベッドの脚ががたつき、まるで揺り籠のようで気持ちがいい。

仕事を終えたのでひと息入れることにした。私の寿命が尽き、呼吸が止まり硬直したら、ベッドごと運び出して火葬にしてほしいと思った。もちろん、誰もいない所で、ぜひとも静かに、脱け殻を速やかに消してくれたら嬉しい。

夢うつつにザアザアと雨が前山を駆け上がってくる音で目が覚めた。すでに薪小屋に薪もしまい、物干しから洗濯物も取り入れてあったので、「雨を降らそうとお望みなら、降らし給え」(『スッタニパータ』二・二十四)。

しばらく陽照りが続いたので野菜畑に水を汲んでは撒いたりしたが、雨が降って野菜たちもすっかり生気を取り戻した。

自然は天理に従って動く。人間が分際を超えたことさえしなければ、天理に逆らわないかぎり、人間の生存に必要なすべてのものを与えてくれる。自然に感謝しなければならない。

ひとりのソンビ(学識ある高潔な人物)が山奥に住んでいた。王様が彼を呼び、望みを聞いたところ、次のように答えた。

「私が望むのは、生い茂る松の木や清らかな泉が山から消えないことです」

松の木が生い茂り、清らかな泉が湧くかぎり、彼の山中生活に不足はないと言うのだ。聞くだけでも心が爽やかになる。そのソンビの生き方自体が青々とした松であり、清らかな泉のように感じられる。

河や山、風や月は、世俗的な欲を離れた、澄んでゆとりのある気持ちの持ち主であれば、誰でもその主になることができる。ものを見る目をもち、開かれた心をもった人なら、どこにいようとも、山河や風月の主になれるのだ。

ときどき訪れるある和尚の部屋には、壁に「與誰同坐」と書かれた扁額だけが掛かっている。黒の地に白い文字が陰刻されたこの扁額は、立ち寄るたびに無言で迎えてくれる。

「誰と同席しようか」

その部屋の主の清らかな人品を代弁しているようで、木の札に彫られたその扁額を見るたびに思わず笑みを浮かべる。

古書『何氏語林』(明代、何良俊著)に登場する謝言恵という人物は、社交嫌いで、彼の家にはみだりに客は訪れなかった。彼は茶を喫し、酒盃を傾けながら語ったという。

「私の部屋に出入りするのは、ただ澄んだ風だけ、対酌するのは、名月のみ」

清風と名月を友にしたとは、めったな人を近づけない人物であったようだ。この種の人物は、その人なりの生き方を見守るだけで清涼感を与えてくれる。最近のように、礼儀もわきまえずに執拗に密着してくる世相にあっては、そうした存在はそれだけで、周りに対して清らかな風とか明るい月の役割をする。

「誰と同席しようか」という額の掛かった部屋には茶碗が三個だけあった。三人以上になると、茶を喫する雰囲気が失われるからだ。

私は、この山の中で誰と同席しようかと自問してみる。人間は私ひとりで充分だから、人間と同席することはない。清らかな風や明るい月、小川は山を構成する背景だから、同席するしないの問題ではなく、目で見、耳で聞き、皮膚で感じ、心で受け容れればいい。

シジュウカラが軒の隅に巣を三か所作った。二か所ではすでに子育てを終えて飛び去り、一か所だけまだ卵を抱いている。間もなくここでも雛が孵《かえ》り、成長して飛び立つだろう。

シジュウカラは気難しくないので、どこでも卵を抱く。冬場は食べる物がないので餌を撒いてやるが、夏場の林には食べ物が多いので餌をやる必要はない。

シジュウカラはときどき庵の障子に穴を開ける。障子に張りついている虫を啄《ついば》もうとしてか、退屈しのぎなのかは分からないが。よけいな仕事を作ってくれるなと叱るけれども、聞く耳をもたないようだ。それでも、悪戯っ子たちが母親に連れられて寺に来ては障子を穴だらけにするのに比べれば可愛いものだ。

野ウサギが裏庭のヤマナシの下に住んでいる。夕暮れどきになると庭に出てきてうろうろしているが、私が外に出ると驚いて逃げ、手なづけようとしてもなつかない。それでも、パンのかけらとか果物の皮などを置いておくと、きれいになくなっている。岩陰のウサギの糞には子ウサギのも混じっている。

庭の住人の中では、リスと親しくなった。献食石(鬼たちのために食物を供える台)に餌を置くと、そばで見ていても逃げずに食べにくる。外出して戻ると、鳴き声をたてて迎えてくれる。

感心なものだ。

誰と同席しようか。類類相従（類は友を呼ぶ）、生きとし生けるものは仲間同士群れて生きる。したがって、同席する相手は自分の分身であることを知らねばならない。

君は誰と同席するのだろうか。

水の音　風の音

仏日庵では風の音を聞きながら暮らしたが、こんど越してきたここでは小川のせせらぎを終日聞かねばならない。山の上は常時風が吹くけれども、谷間では風の代わりに小川が流れる。

水の音、風の音、いずれも同じ自然の音だが、受ける感じはそれぞれ異なる。林を吹き抜ける風の音に耳を澄ませていると、ふと生きることが虚しくなり、すぐにも遠くへ旅立ちたいという衝動に襲われることがある。暴風雨にでも巻き込まれようものなら、心の中も荒れすさぶ。

こんど越してきた家は小川のほとりにあるので、休みなく流れる小川のせせらぎを、否応なく、昼夜を分かたず聞かねばならない。最初の何日間は、雨の後だっただけに、よけい気になったが、今は慣れて気にならなくなった。歳月の流れる音、人生が流れゆく音と思えば、むしろ時間に対する考えが新たになる。

風の音は、ときにはカサカサに乾いた虚ろな響きに聞こえることがあるが、水の音は何やらしっとりと豊かに聞こえるようだ。また、絶えず何かを洗い流しているようにも聞こえる。

かつては高い所で目立つ生き方をしていたので、こんどは低い所に下りて身を隠して暮らしてみたい。独りで風変わりな生き方をしたので、こんどは大勢の中に紛れ、その陰で暮らしたい。この世の中を私の力で変えることはできない相談だから、自分の生活の中身だけでも改造してみたい。新たな変化を通して、潜在する〝私〟を目覚めさせたい。人生は何らかの目標か完成を目指すものではなく、絶えざる実験であり、試みであると思われるからだ。

仏日庵ではまる七年半暮らした。いざ出発というときになって、まず仏像に対して申し訳なく、名残り惜しく思われた。この仏像には、十年前茶来軒に住んでいた頃からの因縁がある。閉鎖される寺から運んで、広間の机の上に安置してあったもので、最初に仏像を目にした瞬間、それまでにない胸のときめきを感じた。一目惚れしたのだ。それは一種の〝出会い〟で、願仏（持仏）として礼拝しようと決心した。古い年代のものではないが、端麗な姿が気に入ったのだ。

茶来軒から仏日庵に越してくるとき、ほかの荷物は荷台に積んだが、仏様だけは隣の席に大事に安置してきた。独りで暮らすと怠惰に流れがちになるが、朝に夕べにこの仏様を礼拝していたお陰で、怠けることはできなかったのだ。さらに、私の発願に耳を傾けてくれたのも、私の芳しくない性格や癖を寛大に受け容れてくれたのも、この仏様だ。所用で本寺に下り、手間どって夜遅くなったときなど、周りの人の泊まるようにという勧めを振り切って山道を登って帰ったのも、仏様を空き家にひとりにすることが忍びなかったからだ。このような仏様と一時別れるのだから、申し訳なく寂しく思うのは当然であろう。

その他の心残りの隣人は、手ずから植えて育てた木たちだ。出発当日、ホオノキやイブキ、イチョウなどが私をじっと見つめながら、自分たちをおいてひとりだけで行くのかと寂しがっているようだった。

長い間、私たちは清らかな陽の光を共に浴び、星や月も共に仰ぎ見た。そして、吹雪や雨風にも共に耐えた。枝を払い、堆肥を施したお礼に、彼らは青々とした葉と涼しい木陰を差し伸べて夏の暑さを和らげてくれた。私たちは同じ垣根の内に住む住人として、細やかな情愛を分かち合った。

旅立ちを前に旅装を整えるたびに感じるのだが、今回もひとりで引越しの荷造りをしているときに、ひもじさのような、儚《はかな》い存在の本質のようなものを感じることができた。寿命が尽き、独りこの地上から消えるときにも、来た道を引き返すときにも、このような存在の虚しさを感じるのではないかと思った。

間借りをしながら方々移り住まねばならない人びとの、つらくわびしい心情を多少は理解できたようでもあった。私の場合は自ら選んで移るのだが、家をもたない人びとは家主のご機嫌を窺い、出てほしいという言で、渋々荷造りをしなければならないのだ。そのときの呆然とした遣る瀬ない心境が多少理解できたようだ。だからこそ人びとはマイホームをもつために、大きな犠牲をものともせずに懸命に生きようとしているのだろう。

引っ越してきた家を住みやすくするために、数日忙しく動き回った。屋内の配線が乱雑だったので、安全に配線し直し、押入れもきれいに掃除して塗り直した。裏手の水溜からパイプを繋いで庭の隅に水道を引き、川原で平たい石を拾ってきて洗濯場も作った。

お湯を沸かせるようにオンドルの焚き口に釜をかけたが、火の回りが悪いので、釜を外して石を下げてみた。こんどは火がよく回った。煙突も前より高くした。寺で言う「木煙塔」を立てたのだ。木の燃える煙が出る煙突だから、遊び半分にそう呼ぶ。

竹林から五、六間の竹を切ってきて、前庭に架けて物干しにした。物置から古い板切れを拾ってきて、一尺の高さの経机を作った。

部屋の壁に竹釘を二本打ち込んで袈裟と衣を掛けた。半分ほころびかけたツバキの枝を白磁の水差しに活けたところ、ガランとした部屋がにわかに春めいてきたようだ。さらに臨済禅師の語録から、気に入った一句「即時現今　更無時節」の掛け軸を掛けると、無愛想だった部屋が少しは馴染めるようになった。まさに今以外に時節はないという句だ。すでに過ぎてしまった過去にこだわったり、未だ来もしない未来に期待したりせずに、まさに今、この場で最大限に生きよ、というこの法文に接するたびに勇気が湧く。私たちが生きるのは、まさに今、ここだ。この場で瞬間瞬間を自分らしく最善を尽くして生きることができるなら、どのような状況下でもけっして後悔することのない人生を送れるだろう。

夜が更けた。だいぶ前に法堂の三更鐘（九時三十分）が鳴った。小川のせせらぎが一段と大きくなった。まるで雨が降っているような音だ。小川は瞬時も休まず流れ流れて海に注ぐ。私たちの命の流れもまた、合一の海に向かって絶えず流れゆくのだ。

砂漠の教父たち

先頃、倭館《ウェグアン》（慶尚北道）のキム・サンジン神父が山に来られた折にくださった二冊の本のうち、『砂漠の教父たちの金言集』をここ数日読んだ。同じ修行者という立場でなくても、あの砂漠の教父たちの透徹した峻厳な求道精神に深い感銘を受けざるをえないだろう。それに引き換え、出家修行者と名乗って生きている自分を振り返ると非常に恥ずかしい。

砂漠の教父とは、二世紀から五世紀にかけて砂漠の中で生涯をかけた修道生活を通して神の道を歩んだ、修道者の総称である。彼らに砂漠という不毛な環境の中での修道生活を強いた外的要因は、ローマ帝国がキリスト教を迫害したことであった。迫害によって砂漠での修道生活が営まれ、その迫害の終息によって修道生活が本格的に発展するようになった。

こうした事情は中国の禅宗史においても同様であった。仏教教団が国家権力によって過酷な法難を受けたときに、王権の庇護を受けた教宗は支離滅裂になったが、どこにも依存せず清らかに不屈の求道者の生き方を守り、民衆と共に歩んだ禅宗は、その潜在力を最大限に発揮して大いに繁栄した。

国家権力の庇護を受けると威勢をふるい、迫害されるとすぐに挫けるような宗教は、まともな宗教とは言えない。踏みにじられるほど青々と新芽を芽生えさせる芝のように、強靭な生命力をもった宗教こそ、人類社会に寄与できる健全な宗教でありうるのだ。

『金言集』には、世俗的な目から見ると、あまりにも愚直・頑固・奇異な逸話が多いようだが、そうした逸話の行間を読むことによって、永遠に屈することのない求道者の姿が見えてくる。また、今日の私たちの姿を映して見ることのできる明鏡でもある。

スケテの修道者たちは、仲間の何らかの徳行が外部の人間に知れると、その行為は徳行とは見なされず、罪悪とされたという。

彼らの潔癖さが窺える話だ。最近の私たちは、自分の行なった事績を針小棒大に触れ回っていないか省みねばならない。

ある教父が元老を訪ねて次のように問うた。

「師父様、どうしたら救われるのでしょうか」

「君の霊魂を救いたければ、誰かを訪ねたときに、その人が君に尋ねる前に話しかけないことだ」

沈黙が救いの道でどのような役割を果たしているかを如実に示している。彼らは盲目的に沈黙に固執したのではない。沈黙の相対的な意味も知っていた。

「ある人は外見では沈黙を守っているが、心の中では他人を咎めだてしている。つまり、絶えず喋っているのと変わらない。また、ある人は朝から晩まで話しているが、沈黙を守っている。不必要な言葉はひと言も言わないからだ」


ある教父が言った。「もし修道者が二つのことを嫌うなら、彼はこの世から自由になれる」

ある修士が尋ねた。「それは何ですか?」

教父は答えた。「安楽と虚栄心だよ」

修道者にとって、この安楽と虚栄心は精神を蝕む癌である。ひたすら楽なことばかりを求めるのは、閉じ込められた水と同様、その安楽ゆえに腐ってしまう。生きた生命はつねにうねりながら動くものだ。生き動くものだけが、繰り返し自身の生き方を改造しながら復活する。

虚栄心と虚勢は中身のない見せかけだ。世俗に背を向けてそこから出てきた修道者が、虚栄を求め虚勢をはるのは、未だに世俗への未練が残っているからだ。それゆえ自分の身の程もわきまえずに、修道者が顔を出す場所かそうでないかの区別もつかず、いたずらに軽率な振る舞いをすることになる。

ある教父は、この世を去る今わの際に面倒を見てくれた修士に言った。

「この砂漠に来て自ら洞窟を掘って暮らしはじめて以来、働かないでパンを食べた覚えはなく、口にした言葉を後悔したこともない。しかし、主の元に旅立とうとしている今、神への奉仕を始めてもいなかったのではないかと悔やまれる」

貧しさと謙遜を一生涯守ってきた修道者が今わの際に語ったこの言葉こそ、謙遜そのものである。人間は神に近づくほど自身が罪人であることを自覚する、とある教父は語っている。

アントニオ教父は神の神秘を深く探究して次のように尋ねた。

「主よ、ある人びとは老いてもなお生きるのに、なぜある人びとは若くして死ぬのでしょう？ある人びとは良い物を溢れるばかりに所有しているのに、なぜある人びとは何も持っていないのでしょうか？　なぜ悪しき人びとが金持ちとして暮らし、善良な人びとが貧しさに呻吟しなければならないのでしょう？」

天から声があり、答えて言った。

「アントニオよ、お前自身のことに専念せよ。そのようなことは神の思し召しなのだから、お前がそれを理解したところで何の役にも立たない」

『中阿含《ちゅうあごん》　箭喩経《せんゆ》』の「毒矢の喩え」を連想させる言葉だ。形而上学的な問いに仏は何も答えず、こう語った。

「私は世界が無限だとか有限だとか断定的に言うことはない。なぜなら、それは道理と法に叶わず、修行でなく、智慧と悟りに至る道でなく、涅槃《ねはん》の道でもないからだ」

仏が一貫して話される法は、苦しみと、苦しみの原因と、苦しみの消滅と、苦しみの消滅する道である。なぜなら、これは道理に叶い、法に叶い、修行であると同時に智慧と悟りへの道であり、また涅槃の道であるからだ。

砂漠の教父たちは無所有に徹した。何かを持つと、それだけ霊魂が不潔になると思っていたようだ。貧しさと苦行と謙遜、人を避けることが共通の修徳であった。

ある人が修道者になろうとして、世俗を離れ財産を貧しい人びとに分け与えた。しかし財産の一部を残しておき、元老に会いに行った。元老はその事実を知って次のように話した。

「お前が本当に修道者になりたいのであれば、村へ行って肉を買いなさい。服を脱いで裸になって肉を体じゅうに貼りつけてから戻ってきなさい」

彼は言われた通りにした。野良犬や鳥の群れがその男に群がり、肌についた肉を奪い合い、男の体は傷だらけになった。元老は彼に言った。

「世俗を捨てても金を所持したいと願う人間は、悪魔たちの攻撃に遭って、全身を傷だらけにされるのだよ」

収入の多い寺の住職の座をめぐる争奪戦は、鉄パイプや角材、さらにはガス銃で武装した暴力団まで動員する有り様である。この現実を一体どう受け止めたらいいのか。私たちは何のために父母兄弟や世俗との因縁を絶って出家したのか、この根本を考えねばならない。

休静《ヒュジョン》禅師（一五二〇—一六〇四）がかねて言っているではないか。

「出家して修行者になることがどうして小さなことだろうか。安楽と閑暇を求めたのでも、暖衣飽食するためでも、地位とか金を儲けるためでもない。ただ生死の苦しみから逃れ、煩悩の束縛を絶つためであり、仏の智慧を受け継ぎ、無辺の衆生を救うためなのだ」

ある人が聖女に、貧しさは善行でしょうかと尋ねた。聖女は次のように答えた。

「貧しく暮らすことのできる人には立派な善行です。なぜなら、貧しさに耐えることのできる人は肉体的にはつらいかもしれませんが、霊魂の平和を得られるからです。健全な霊魂は自発的な貧しさによりますます強くなるのです」

貧しさと空腹から道心は滲み出てくるけれども、豊潤と満腹からは煩悩と妄想が噴出するものだ。

ある教父が荒野で暮らしていた。彼は大変な苦労をして日々のパンを得ていた。ある日彼は手製の品物を売りに市場へ行った。教父は金貨千枚の入った財布が落ちているのを見つけたが、そのままにしておいた。持ち主が必ず戻ってくると思ったからだ。案の定財布の持ち主がとても落胆した様子で現れたので、財布のある場所を教えた。

財布の持ち主はお礼に金貨を何枚か差し出したが、教父はけっして受け取らなかった。当時の修道者は不労所得を悪徳と見なしたからだ。それに対して財布の持ち主は大声で叫び出した。

「皆の衆、この神に仕える人が何をしてくれたか、見てくれ！」

教父は人びとが財布を見つけてやった行為を褒めそやすのではないかと恐れ、その場から逃れた。

「修道者はどのように生きたらよいのでしょう？」

元老が答えた。

「善はどんなことでも実践し、悪は根こそぎ断たねばならないよ」

まさに「諸悪莫作　衆善奉行」である。

ある人が元老に尋ねた。「救いを得るにはどうすればいいでしょうか？」

筵《むしろ》を編んでいた元老は手を止めずに答えた。「君の目に今見えていることをやり給え」

宗教とは言葉尻にあるのではなく、さしあたっての行動にあるからだ。

「すべての理論は灰色だ。しかし生きている木は青い」

メフィストフェレスがファウストに言った言葉だ。

君は幸せか

この冬、セキショウとヤブコウジの二つの小さな植木鉢をそばに置いて、雪の中で過ごしている。初冬に花市場で千ウォンずつ払って連れてきた生き物だ。

セキショウの鉢は、小さな石を添えて水盤に置くと映りがいい。ヤブコウジは茶の葉のようなギザギザの葉と枝にぶら下がっている赤い実の調和が実にいい。この二つの盆栽がなかったら、冬の山房は寒々と殺風景だったろう。明るい障子の下に置いてときどき話しかけ、見交わすうちに親しさが増して家族のようになる。この子たちがこの冬を香しいものにしてくれた。

幾日か前に受け取った、投函して日数の経った手紙には、やぶからぼうに、和尚さんは近頃幸せですか、という問いが書かれていた。この質問を受けてあらためて幸福について考えるようになった。人は誰でも幸福に暮らしたいと思う。私たちは当然幸福でなければならない。良い暮らしかどうかも、幸福であるかどうかが基準になると考えられる。

幸福について語るとき、最初に考えるのは自分自身と家族のことだ。これが幸福の基礎単位だからだ。

日々の生活を楽しんでいる人は幸福だ。ある母親は嫁のためにきれいな茶碗を選んでやり、おかずを作ってやり、孫を抱くことで、その日の幸せを感じる。嫁を可愛いと思い愛する心に幸福が宿っているのだ。

さらに幸福は隣人との関係にも左右される。ある母親は夫が定年退職したら故郷に帰り、美味しい味噌を作って知り合いに贈りたいという夢を抱いている。今から「松風と名水の○○味噌」という名前までつけてある。

聞くだけでもすがすがしい気持ちになる。他人を幸せにすると自分も幸せになるのだ。

現代人は幸福の基準を、他人より多く、大きなものを所有して楽しむことに置こうとする。数十億ウォンの邸宅に数億ウォンの車、何億ウォンの会員権を持たねば満足しないのだ。

もちろん、幸福は主観的な価値だから、一概に断定することはできないけれども、幸福はけっして多く、大きいことのみにあるのではない。

少なく、小さなものでも感謝し満足することができるなら、その人は幸せである。現代人の不幸は不足ではなく、むしろ過剰に起因することを知らねばならない。不足が充たされれば、感謝し満足できるけれども、過剰には感謝と満足が伴わない。

『マタイ福音書』に次のような言葉がある。

「心の貧しい者は幸いです。天の御国はその人のものだからです」

この教えには深い意味が込められている。十三世紀の優れた神学者、マイスター・エックハルトは「心の貧しい人」を次のように解釈している。

「心の貧しい人はそれ以上何も望まず、それ以上知ろうともせず、それ以上持とうともしない。欲望からの自由、知識からの自由、所有からの自由を説いている」

さらに彼は、神からも自由な人のみが、真に心の貧しい人であると言う。

私たちが不幸なのは、持っているものが少ないからではなく、温かい心を失っているからだ。温かい心を失いたくなければ、隣人と親しく交わらねばならない。人間だけではなく、動物や植物など生物たちとも共感できねばならないのだ。

セキショウやヤブコウジの盆栽を日向に移し、ジョウロで水をやりながら葉や実を眺めていると胸が温かくなる。薪の燃えるストーブのそばに座り、石釜の湯がたぎる「松籟」に耳を傾けていると、胸も温かくなる。

夜中にときどき咳が出て目が覚める。窓に月光が明るく映るので開けると、月も白く、雪も白く、全天地が白く輝いている。この光景にまた胸が温かくなる。早朝、雪の積もった庭に出て、雪の上にウサギやキバノロ（鹿の一種）の足跡が残っているのを見ると、胸がまた温かくなる。

歳が暮れようとしている頃、手紙の束を解いて整理していて、思いがけず故人になった知り合いの手紙を見つけ一行一行と読むうちに、再会の叶わぬこの世とあの世のはるかな距離、儚い人生を振り返って、ふと切なさが胸をよぎった。

私たちは、今生きているという事実、死んではいないという事実をありがたく思わねばならない。この世に永遠なものは誰にもどこにも存在しない。すべてはしばらくの間とどまるにすぎない。生きている間、隣人と温かい心を通い合わさねばならない。それでこそ、人としての誇りと人としての道理を守れるのだ。

イギリスの諺に、自分が幸福だと思う人間は幸福だ、というのがある。その通りだ。これを逆に言えば、自分を不幸だと思う人間は不幸だ、となる。つまり、幸福と不幸は外から与えられたものではなく、自ら作り探し出すものなのだ。

同じような条件下に暮らしながらも、ある人は自分の境遇に感謝し満足して明るく生きているのに、別の人は不平と不満だらけの暗く荒れた人生を送る。

自分に問うてみる。私は幸福か、不幸か？　もちろん幸福の隊列に加わりたい。けっして不幸の隊列には与《くみ》したくない。それなら、私の中で幸福を作らねばならないのだ。

幸福は隣人と分かち合わねばならず、不幸は背負って立ち上がらねばならない。

私たちは当然幸福でなければならないのだ。

木の芽吹き

この冬は、すべての人びとにとってたいそう疎ましく憂鬱な季節であった。これほど執拗に大地を凍りつかせた寒さ、蒙古に根を下ろして長く猛威をふるった冷たく乾燥した高気圧の前に私たちはお手上げだった。今日の人類文明はあたかも全能であるかのように振る舞っているが、自然の威力の前には跪《ひざまず》かざるをえない。しかしこれは大変ありがたい摂理だ。私たちは尻尾を巻いて引き下がるのではなく、こうした事実を通して現代文明の限界を直視し、謙虚にならねばならない。

わが国の自然条件も他地域の影響から免れることはできない。三寒四温という古来の冬の天気パターンも狂ってしまったようだ。釜が凍り、キムチの甕《かめ》が割れ、水が固体に変わってしまった台所で、ブルブル震えながら食事の支度をするときの私は、一匹の獣と選ぶところがなかった。食べることも欠かすことのできない日課のひとつであると思っていたものの、このとき私を慰めてくれたのは、監獄の独房でガタガタ震えている同志たちの姿であった。凍死から逃れようと絶えず体を動かしている彼らの不屈の姿だった。ひとりの人間、いや何人かの人びとが当面している苦難は、やがて私たちすべてに拡散してくるものだ。

生き残る、という表現にどれほど多くの含意をもたせたらいいのだろう。何故私たちは生き残らねばないのか。もちろん残るために生きるのではない。そのようにしか生きざるをえないのだ。生きるということは苦痛を与えられることであり、その中で意味を見つけようとすることだ。しかし、生きることにどんな理由が必要なのだろう。生きること自体が神聖な目的であるのに。

生きることの尊厳を損なう行為は、悪徳であり罪悪である。ブッダ・シャカムニは言う。

すべてのものは暴力を恐れ
死を恐れる
この道理を自分の身に置き換えて
他者を殺し、死なせてはいけない
すべての生命は平和を願う
暴力で命を害するものは
自身の平和を求めても
けっして平和を得ることはできない

私たちの価値の尺度が人間本位であれば、そこには独善と我執と排他が潜んでいる。自分とは考え方が違う、あるいは皮膚の色が同じでないからと、差別し迫害する例を今日なお目にする。現代のヒューマニズムの盲点はこのようなところにある。

しかし、その価値観が人間本位から生命本位に転換されるとき、そこには互いに助け合って共に生きようとする共存の倫理が模索される。自分の命ほど大切なものがどこにあろう。同じように、他の生命もそれぞれ自分の命を愛おしんでいるのだ。したがって、自分を愛おしむ人は他の生き物を苦しめたり害してはならない、というのが生命の論理である。

例年になく寒く索漠としていたこの冬、焚き口に火をくべるように、何冊かの伝記を読んで心を温めた。人生の先達たちの足跡は、われわれに少なからず暗示を与えてくれる。主人公が人類史に残る偉大な人物であるかないかは問題ではない。人生をどれだけ真摯に生きたかが、足跡を辿るわれわれの関心事だ。

アッシジの聖フランチェスコからは徹底した清貧を学び、サハラの聖者シャルル・ド・フーコには真正な祈りの意味を学び、清く善良な目差しを見た。彼らの足跡を辿るうちに、現代に生きる私たちの生き様は何だ、私の生き様は何だ？　という問いがむくむくと頭をもたげた。恥ずかしく恐縮するばかりだ。世の中には、名前が知れることさえ恥じながら、人類の現在・

未来のために自己犠牲の道を黙々と歩んでいる人も珍しくない。あらゆる矛盾と葛藤、不条理に汚染された地球がなお存続しているのは、それらの人びとの絶えざる祈りと犠牲と奉仕がもたらした功徳であることは間違いない。

メキシコ革命の英雄パンチョ・ビラの、率直で単純でありながらも義理堅く男らしい気性には、好感を寄せざるをえない。しかし一方どうにも残念なのは、あまりにも多くの人びとを殺し傷つけたことだ。確かに、何らかの正義を実現するには多くの命を犠牲にせざるをえないであろう。そして英雄と呼ばれるのは、人びとに犠牲を強いた部類の人間であることは承知の上だが。

「思想とか力によって勝利した者に、英雄という称号を与えることは拒否する。ただ精神のために偉大であった人びとのみを私は英雄と呼ぶ」

ロマン・ロランが『ベートーベンの生涯』の中で叫んでいるこの言葉は、英雄たちの額にでも刻みたい価値ある言葉だ。

パンチョ・ビラの伝記の最終章で、彼が昔の女友達に会い、優しい微笑を湛えた彼女から咎められる箇所があるが、あたかも映画の一場面のように私の記憶に残っている。

彼女はビラが一時山賊ばたらきをしたことも知っていて、あなたは殺傷だけでなく、盗みもさんざんしたではないかと咎めると、ビラは次のように弁解した。

「ご婦人、私は盗んだことなんかありません。あり余るほど持っている者たちから取り上げて何も持っていない人びとに分け与えたことはありますがね。私はよほど困ったとき以外は他人の物を盗ったことはありません。空腹のときに食べ物をつまむのは盗みではありません。それは自分を生かそうとする生存本能に従っただけです。盗んでいるのはむしろ金持ちの方です。必要なものは何でも持っていながら、貧しい人びとのわずかなパンまで奪っているのですから」

盗人にも三分の理はあろう。それは社会的には容認されないが、暴虐な政治に苦しんでいる貧しい民衆の側は、このような盗人を義賊と言って称えた。古今東西の人類の歴史に現れるこうした盗人に対する賞賛は、ただ彼らの義侠心に対するものである。

ついでにビラの経済倫理のようなものについて語りたい。村人たちが祭りに浮かれて楽しんでいるとき、彼はアルバラドという名のかつての富豪に会って語り合う。元富豪が、自分は金で他人に害を与えたことはないと自負するのを聞いて、ビラは言う。

「まともな金持ちとは、つねに彼らの果たすべき義務の分かっている人たちです。私が思うに、金は金持ちのものではなく、それを作る国民のものです。金持ちは自分たちの快楽のために金を使うべきではなく、苦しんでいる人びとの窮乏を軽減するために使わねばなりません」

アルバラドが金持ちになった経緯を聞いてみよう。

「貧富は運命のいたずらのようなものです。私がある山で金鉱を発見して金持ちになったのも運命なら、すぐに鉱脈が尽きて没落したのも運命にすぎないのです。したがって富を蓄えたことも偶然にすぎません。私が作ったものではなく、土の中から出てきたものだからです。そこで私はこの幸運が私の許に来たのは、この富を貧しい人びとに分け与えよという神様の思し召しと考えて、鉱夫たちに賃金を多く与えました」

金持ちの真の喜びとは、金を掻き集める面白さではなく、持たざる人びとに分け与えるときの晴れ晴れとした気持ちであろう。せいぜい五、六人しか住んでいない家にエスカレーターをつけ、室内プールを造り、地下にバーを備えないと満足しない最近の成金たちとはなんと対照的だろう。

数日雨が降り、霧が林を覆っている間に樹木たちは瑞々《みずみず》しくなった。冬の間姿を見せなかったリスが一昨日から日向の餌台のそばで私の食事時間を待っている。昨年の晩秋まで艶々していた毛並みが、冬を越す間にかさかさになったようだ。寒さのために褐色だったイブキが、この数日の間に瑞々しい緑に変わった。クヌギの林でも枝先がしっとりと伸びはじめた。

冬の間聞けなかったヤマバトの鳴き声が再びクックックッと聞こえはじめた。夜になると前山でキバノロの鳴く声が谷に木霊《こだま》している。夜中に何度も目が覚める。人びとはこれを春の到来と言う。そうだ、すべての生命がざわざわと身動きを始めるこの力を春と名づけるのだ。この荘厳な生命のほとばしりを誰も止めることはできない。凍りついた大地を融かし、枯れ木を芽生えさせるこの移り変わりを止めることはできない。

人間は必要を充たすために神意に背くことすらあるが、この厳粛な宇宙秩序に嘘はない。大空に枝を広げている木々を見よ。なんと堂々と命を謳歌していることか。それに引き換え私たちの枝はどこに向かって伸びているだろうか。私たちは堂々たる人間であると胸を張れるだろうか。

問うてみよう、私たちの有り様を。もう一度大きな声で問うてみよう、それでも今日の私たちは人間と言えるだろうか、と。

春が来ると言う。死んだ大地に再び命の春が芽生えると言う。しかし、人間の春は与えられる春ではなく、自ら耕し種を蒔く春であることを忘れないようにしよう。沈黙の木が芽生えている。私たちの枝にも青々とした生命を芽生えさせねばならない。

山僧の手紙

立秋過ぎから、夜になると虫の声にひときわ磨きがかかり、夜空の星座もはっきりしてきた。庭に敷いたゴザに横になって星を仰ぎ見ながら、星と月がなかったら夜はどんなに寂しく荒涼としたものになったろうと考えた。

星と月は単に暗闇を照らす光ではないはずだ。真昼の多忙な活動を通して疲れて干からび棘々《とげとげ》しくなった私たちの心を柔らかく包んでくれ、感情や思考の幅を広げてもくれる。

真昼の暑さにぐったりしていた草木も、夜の帳《とばり》が下りると、森や川から吹き寄せる涼風に生気を取り戻す。昼と夜はすべての命あるものたちに活動と休息の場を与えてくれる。星と月の輝く夜は、私たちへの祝福であるばかりでなく、あたふたと追われるように生きてきた日常を振り返らせもする。

私たちは何のために生きているのか、私たちに許された歳月をどのように費やしているのかを自問させる。こうした振り返りと反省の時間がないと、ブレーキの壊れた車のように人生の終点に向かって落ちていくだけだ。

何日か前、この夏の安居《あんご》をある山中の禅院で過ごしているヒョンジャン和尚から手紙が来た。私が茶来軒に居たころ、高校を卒業したばかりの彼が訪ねてきて出家の意志を告げたとき、訪ねて教えを乞うようにと松廣寺のある老師を紹介したことがあった。彼は、私たちの仏日庵が開院した日に沙弥戒《しゃみ》（見習僧になるための戒律）を受けて僧になった。したがって、仏日庵とともに彼の修道の年輪が刻まれたことになる。

彼の手紙には次のように記されていた。


老師の弟子になりながらも、勉強の手応えさえつかめないまま十五年の歳月を過ごして参りました。準備のできていない人には、たとえ仏様がそばにいらしても、どうしようもないのだと、最近思うようになりました。

初めて迎えた夏安居《げあんご》、祝福の中で二か月と四日が過ぎました。私にとっては、これまでの人生すべてが今年の安居のためにあったように思えます。

ヨガナンダの言葉によれば、求道者の最初の祝福は腰から来るそうですが、その真意を最近感じるようになりました。坐禅中に脊椎に流れる微妙な気配を感じるようになってから、喜びと精気が込み上げるようになりました。喜びと精気に溢れると、食べ物に対する欲求がなくなり、食べ物に対する欲求から解放されると、すべての物質世界と世俗的な渇望が消えてなくなるのを感じます。

半解制（九十日の安居期間の中間）から日中食（日に一食だけ）にしてきましたが、十日前から断食に入りました。三日目に宿便が出ると体と心の気が一つになり、体の重さをまったく感じないほどです。薄い粥を日に半膳ほど、四日間続け、今では日中食で過ごしています。おかずも海苔とかキノコ、トウガラシなどは体が受けつけませんので、ご飯一膳ほどと野菜の煮つけ数種、汁少々あれば一日の食糧としては充分です。

喜びと光明の世界を垣間見て、人間の糧は光と喜びであることが分かりました。静寂と喜びと光明がひとつになって、疲労や眠気や空腹感は消え去ります。これが禅悦為食（禅定の喜びを食とする）なのかと思うと、涙が溢れます。

彼は今年の夏安居の間、貴い体験をしている。誠実に精進する修行者が通る原初的な体験である。食べることに動物的な関心を寄せる人には、禅悦為食は理解できないであろう。しかし、人間が肉と骨からなる肉体だけでなく、霊魂の部分ももっているという事実に思い至れば、人間の糧は光と喜びであることを知るようになろう。人間が最も純粋に清らかになると自然に涙が溢れるのは、愛と感謝の念に満たされるからだ。現代人に涙が涸れつつあるのは、この清らかさや純粋さが失われつつあることを意味し、愛と感謝の念が枯渇している証左でもある。

彼の手紙はさらに続く。

坐禅のための坐禅、ひたすら坐禅だけに専念する（只管打坐）、体と心がともに自由になる（心身脱落）、大いなる安楽の法門などの真意を日々体得していく喜びがあります。

研鑽する人が戒律を破るのは至難である、という教えに大いに共感します。満ち足りた心と慈悲心があれば、戒律を破ることはないはずです。だからこそ修道生活を喜びの道、祝福の道と呼ぶのでしょう。

私たち首座（禅院で精進する禅僧）の現状を見ると、悟りと見性への渇望がかえって「本来開かれており、今も溢れ出ている」厳然たる本来の姿を見えなくしているようです。

ちょうど、寝ようとすればするほど寝つかれないように、仏を求め、神を探し求めることが渇望と欲求のしこりとなって壁を作ってしまいます。インドでは求道者を「サンヤシン」と言いますが、放棄した人という意味だそうです。体と心と呼吸がぴったりと調和して人為的な要素が介入しないとき、体と心が消えることを知りました。

一度お訪ねしたいのですが、解制（安居の解ける日）まで精進します。道元禅師の教えに一歩一歩確実に近づいているのを感じます。

これから私は首都《スド》（ソウル）生活を清算して新たな修道《スド》生活を始めたいと思っています。今出家し、今初めて仏法に出遭ったような感じです。当分の間ここにとどまり、禅定と慈悲を磨くつもりです。

解制日にお訪ねします。法体のご健勝を祈ります。

ヒョンジャン三拝

この手紙をもらった次の日の朝、澄んだ心で次のような返書を認《したた》めて送った。

お手紙拝受、二度嬉しく読みました。禅悦（坐禅の喜び）を糧としているようで、ご同慶の至りです。体は出家しても心で禅定の悦びを感じることができなければ、一人前の出家とは言えないでしょう。

出家修行者は、すべての既存の枷《かせ》を何度も払い落としながら立ち上がらねばなりません。私たちが何のために世俗の家に背を向けて出家したかをときどき振り返るなら、無為に歳月を浪費しながら夢の中で過ごすことはできないはずです。

出家修行者には明日があってはなりません。その「明日」のためにどれほど多くの歳月を浪費したか、私自身もときどき後悔します。いつも「今、ここで、このように」生きることです。そして花のように日ごとに新たに咲かねばなりません。貧しさと静寂と平安と精進が修行者の務めでなければなりません。

道元禅師の教えに共感される由、嬉しいかぎりです。本證妙修、不染汚の精進を肝に銘じてください。こと新しく悟るために修行するのではなく、本来の光（悟り）を顕すための修行であり、磨かなければ汚れるからつねに精進するのです。それゆえ坐禅を安楽の法門と言ったのです。休静禅師も言われたように、自己自身の根本である真心を守ることを第一の精進とせねばなりません。

一時の悦びや祝福の体験に満足するとなく、ますます奮発されますように。より遠くを見渡すためには、もう一段上に登らねばなりません。可能なかぎり言葉を少なく、寝る時間を惜しみ、節食することが修道生活を悦びと祝福への道に導くでしょう。

真の修行は、新たな理解を啓《ひら》く自我教育の課程です。この課程を通して私たちの人生はより豊かになり、迷いや恐れに囚われることがなくなります。真の修行は、自ら発見していく内密な行為であり、開眼です。

この夏安居中の嬉しい便りに接し、私にも元気が湧いてきたようです。解制の悦びを分かち合いましょう。ご健勝で精進専一にお過ごしください。

払暁に耳を澄まそう

払暁に起きて洗顔し、礼拝してからしだいに明るくなる障子の前に座り、腰を伸ばして座っているこの透明な時間を私は楽しみたい。

冷たい小川のせせらぎと合唱するように、ヨタカが「ソットク、ソットク、ソットク」と家の裏でしきりに鳴いている。月夜とか夜明けに鳴くことの多いヨタカをモスムセ(作男鳥)とも呼ぶが、まめまめしいこの鳥の生態にぴったりの名前だ。

やがて口笛のような声を出して四拍子で鳴くセグロカッコウと、これに調子を合わせるように、ツツドリが「ウン、ウン、ウン」と鳴くと、障子はいよいよ明るくなる。

このような自然の音は、干からび固く閉ざされた私たちの心を大きく開かせてくれる。払暁に早起きした人だけに許されるささやかな福ではないだろうか。

この時間、街では前日人びとが散らかしたゴミを黙々と清掃している環境美化員たちの気高い動きが見られる。また市場では朝市を開いている働き者のアジュモニ(おばさん)やアジョシ

（おじさん）の姿がある。そして高速道路では夜を徹して荷を運ぶトラックの列がある。

このような夜明けの風景は、そばで見ているだけでも頼もしいかぎりだ。活気溢れる生命力が周囲にも伝わってくるようだ。一日が始まる早朝に起きている人びとは、それだけ自分の生活に忠実なのだ。


専門家の体験によると、暗さと明るさの交差するこの時間帯が、一日のうちでも瞑想に最もふさわしいという。瞑想とは日常的な生活と違う何かではなく、起きている生活の一部なのだ。黙々と掃き清める仕事、市場で無心に売り買いする行為、あるいは澄んだ心で冷静に車を運転することが、そのまま瞑想となるのだ。

どのような職種、どのような仕事に従事しているかにかかわらず、自分の仕事の隅々まで気を配り、自分の役割を自覚することがまさに瞑想なのである。自分がどんな人間かを知りたければ、自分自身を内と外から冷徹に見つめることだ。どのような人と交わり、何を好み、周囲にどんな影響を与え、何を人生の最高価値にしているかなどを見極めれば、自己の存在の実相を知ることができる。

自分自身を吟味するこうした瞑想時間をもたないと、自分の人生を自主的に営むことができず、外の流れに巻き込まれてしまうものだ。自分の内面を凝視することがなければ、心はやがて砂漠に、荒野に成り果てる。

今日私たちの社会全体に不正や腐敗が蔓延しているのは（もちろん持てる者の 場合 だが）、構造的な矛盾によるというよりも、個々人が自己省察にまったく無関心なことに要因があるのではなかろうか。

各自が、自分は何のために生きているのかを少しでも思い巡らすことができていれば、この社会は今よりは格段に健全になっていたであろう。

私たちはかつて物質的にあまりにも貧しかったために、どうにか食えるようになった今も物質志向から抜け出せないでいる。歴代政権も国民総生産には関心を向けたが、国民総幸福には無関心だった。しかし最近の精神世界の流れは、物質志向から生活の質を問題にする霊的な変革期にさしかかっている。

私たちが同じ生物界に属していながら、他の動物とは異なる「ヒト」でありうるのは、生きる価値を追求する存在だからだ。労使間の葛藤が絶えないのも、双方が労働の対価である賃金だけを問題にし、労働自体の価値についてはまったく考慮しないところに原因があろう。

労働者の福祉に関心のある企業なら、労働者に支払われる報酬とか休暇だけではなく、彼らの仕事そのものを重視せねばならない。おびただしい産業災害は、人間を単なる道具と見なす結果ではないだろうか。マハトマ・ガンジーの言葉のように、労働の目的は、物を作り出すというより人間を作り出すことになければならない。

人間は何かを作り出す過程で自分自身を形成する。自分の仕事を通して自分の人となりが物に刻まれるのであるから、労働は人間の自己表現手段であると言える。それゆえ不良品を作った人間の生き方は不誠実だということになる。自分の作った物を使う人たちの身になって、使いやすさを念頭に仕事をすれば、その製品を通して生産者と消費者の間に人間的な結びつきが生まれる。したがって彼は単なる賃金労働者ではなく、自己を実現する求道者でもありうるのだ。

季節ごとに種を蒔き、額に汗して勤勉に働く農家の人も、自分の育てた穀物や野菜が多くの人びとの栄養となり健康に貢献していることを肝に銘ずるなら、その農作業は単なる生業ではなく、人間形成の道のひとつになる。

最近私は、夕暮れに裸足で野菜畑に入り、草取りをすることに夢中になっている。裸足でやわらかい畑の土を踏み、青々と萌え出る新芽を見ながら草を取っていると、心がゆったりと安らかになる。部屋の中で坐禅するよりもはるかに楽しく新鮮だ。まことに土は人間に生気を吹き込む力の源泉だ。

ある瞑想家は言っている。

「瞑想は窓を開け放ったときにそれとなく入ってくるそよ風だ。しかしことさらに窓を開け、呼び込もうとすれば、そよ風は入ってこない」

夜明けに起きて自分の生き様に耳を傾けてみ給え。「私は何者だ」と自ら問うてみ給え。

時間の外に生きる

三伏の候、お変わりありませんか。猛暑に参っているのではありませんか。でも暑さを恨まないでください。蒸し暑い夏があればこそ、涼しい秋風が吹き、その秋風に吹かれて稲穂が稔り、果物が熟すのですから。

こうした季節の循環がなければ、生きとし生けるものたちはまともに生きていくことはできません。だから蒸し暑いと言って癇癪を起こすことはないのです。韓半島のように、春、夏、秋、冬がはっきり分かれている地域に住めることは、大きな幸せと言えるのです。

七月中は一切外出しないで、この山中に居座っていた。毎日同じように繰り返される日常の枠から脱け出て、自然の流れに沿って新規に生きてみようとした。個人的な事情からある集会に出席できなかったことを契機に、惰性から解放された生活を送れるようになった。

ちょうど乾電池がどれも消耗して、時計は止まりラジオも聞けなくなった。これが惰性から脱け出す好機になった。

時計は発明されて以来、時間を有効に利用させることで社会生活に貢献したことは歴史が証明している。しかし一方、時計に依存するようになってから、人びとはいつも時間に追われて生きなければならないという弊害も生じた。

食べたくなくても食事の時間がきたからと食べ、眠くなくても寝る時間だからと寝床に入るようになる。こうして今や私たちは、時計の針に操縦されるように生活している。

時計が止まり、ラジオの機能が止まって初めて、私は時間の外で暮らせるようになった。空腹になったら食事をし、瞼が重くなったら床に入るようにした。時計の針が示す時間ではなく、自然の流れに沿って食べ、寝、動くようにすると、心がゆったりし、安らかになった。

時計が知らせる時間の束縛から脱け出て、ようやく自主的な生活に一歩近づいたような気分になった。振り返ってみると、これまで時間の奴隷になってあたふたと無駄に生きてきたのではないかという気もする。


時計に対して私が最初に経験したのは、不気味さであった。幼かった頃、おばさんの家によく遊びに行った。おばさんが可愛がってくれたのでなついていたようだ。ところが、誰もいない部屋でひとり遊んでいると、掛け時計の「チクタク、チクタク」という振り子の音がとても不気味に聞こえた。美味しい料理には手もつけずに、おばさんにも黙って逃げ帰った。おばさんは幼い私がいなくなったので心配になり、家まで来てくれた。

最近家には置時計がひとつあるだけだが、仏日庵で暮らしていたときなどは部屋ごとに置いていた。いわば時計の忠実な奴隷であったわけだ。ところが時計のデザインがたいそう気に入っても、「チクチク」と秒針の音のするものは下の本寺に追放した。客に呼ばれて客間に泊まるときなど、掛け時計であれ置時計であれ、音の出る時計からは電池を抜くなどして音の出ないようにするのが習慣のようになった。帰る際にはもちろん元通りにする。

手首に手錠のようにかけるのがいやで腕時計は敬遠していたが、海外旅行をするようになって以来外出のときだけ、やむなくするようになった。まるで時間の奴隷であることを自ら触れ回っているようなものだ。

私が松廣寺の修練院を主管していたときは、修練に入る前に必ず腕時計を外させたものだ。せっかく出家生活を一定期間送る修練生たちを、時計の束縛と時間の観念から解放させたいと思ったからだった。

私たちは時計を覗き見ながら、どれほど多くの時間を浪費しているだろう。まだ何分残っている、あるいは時間までにはまだ早いなどと、いたずらに時間を無駄にしている。人生に成功した人びとは、同じ二十四時間の中の寸暇を有意義に使う術を知っていたのだ。

時計の針が示す時間に気を取られないで、自分に与えられた瞬間瞬間を充実して生きる人だけが、時間の外で生きることができる。

最近のような産業社会では、私たち自身も時間の前ではしだいに冷酷に薄情になっていく。一心に仕事をしていても、時間だからと作業を中断してしまうのだ。ついでにもう少しだけやればきれいに片づくのに、時計を見て作業を中断してしまう。これは時計の奴隷となって身に染みついた悪い根性だ。時計の針の介入しない職場では人間の徳が厚くなる、という労働の秘密も体得しなければならない。

すべては時間が解決してくれる、という言葉がある。私たちが世の中を生きていくことも、死ぬことも、この時間に属しているからであろう。しかし時間の観念から脱け出て時計の針に依存しなければ、瞬間瞬間をより充実して過ごすことができるのだ。時間に追われず、焦ることもなく、時間の外にある無限の世界に目を転じれば、どのようなときでも余裕をもって堂々としていられるという謂《い》いであろう。

人生経験の豊かな智慧のある年寄りは、苦境にいる人に、あわてずにもう少し待てと諭す。一山超えると、良かれ悪しかれ内外の事情が変わってくるものだ。年寄りたちは世間を渡ってくる過程でこの時間の秘密を体得したのだ。

人間の頭では解決できない問題を、時間が解決してくれることがある。我慢が徳という言葉も同じ意味合いだ。当面解決の難しい問題は、まず一晩ぐっすり寝て、翌日再考するに如《し》くはない。解決の難しい問題ほど性急に片づけようとせずに、一歩下がって冷静に見つめるのが賢い解決策となろう。

時間の外で会えることを願っています。

第三部　単純で簡素な暮らし

所有しているものを捨て、すべての束縛から君自身を解放し、存在し給え。
人間の目指すべきは、巨万の富を所有することではなく
豊かな心をもって存在することでなければならない。
幸せは誰かがくれるものではなく、自分自身で創り出すものだ。

スミレはスミレらしく

数学が好きで生涯数学だけを勉強し、教え、研究している数学者がいる。彼は数字に美しさを感じるほどその道に通じていた。研究室で解けなかった問題が、山に登ったり海辺を散策するなど、無心に余暇を過ごしているときに解けることがあると言う。その彼がときおり同僚から次のような質問をされる。

「君はよく飽きもせずに年じゅう数学だけを研究しているね。君のしている研究は人類にどんな貢献をしたんだい？」

そのたびに数学者はこう答えた。

「スミレはスミレらしく咲けばいいのであって、スミレが咲くことで春の野にどんな影響を与えるかなど、スミレの知ったことじゃないよ」

聞きようによってはたいそう傲慢にも受け取れるが、彼の答えは、それだけ自信と信念に溢れている。その花がその花らしく咲けば、たとえ一輪か二輪であっても春の野全体をどよめかせることができるのだ。しかしもし、スミレがスミレらしく咲けずに、レンギョウのように咲こうとしたり、桜の花のように咲こうとしたりしたら、目も当てられないだろう。それはスミレだけの異変ではなく、春の悲劇だ。

今日、私たちは自分だけの独自色を出して生きることがとても難しくなっている。個人の信念とか個性が周りからの挑戦に晒されるというより、むしろ攻撃の標的にされるからだ。私たちは滔々と流れる画一の川の流れに巻き込まれて漂流しなければならない運命にあるからだ。

私たちの日常を振り返ると、私たちの現状が手に取るように見えてくる。一時無冠の帝王などとたいそう威張っていた新聞をはじめ、その従兄弟格の週刊誌、それにラジオ、テレビなどのマスコミがこぞって私たちを画一的な俗物にしようとしている。

それらは私たちの独自色を奪い、腑抜けにし、思考力や価値判断力を鈍らせる。そして麻薬のように強引に人びとを取り込み、麻痺させる。こうして盲目的で凡俗な追従がはびこり、自分の信念をもつことを難しくしている。

このようにして私たちは互いに似てくるのだ。団地の家のように似たり寄ったりになる。動作だけでなく思考までもが似てくる。こうなると固有名詞などはむしろ煩わしく、一連番号とか普通名詞で呼んでも不便を感じることはないだろう。

しかし幸か不幸か、人間は平凡な日常性だけでは満足しない。自分の命の展開、あるいは創造的な活動を望む。冒険するとか、危険を顧みずに自分らしく生きようとする。それは命の欲求である。ひとつしかない命を危険に晒しながらも、これほど多くの人びとが山に登るのは、山がそこにあるからだろうか。もちろん私たちは山を見て山に登るけれども、それは山が私を呼んでいるからではなく、私の中で山に登りたいという欲求が湧き上がるからだ。そうせざるをえなくする力、それがまさに生きた生命力だ。

私たちが創造的な活動をするためには、さまざまな知識や情報が必要だ。多くの隣人たちと交わりながら暮らしているので、情報に疎いと暮らしにくくなる。こうして人びとは無数に公布され発効した新しい法律の条文を覚えねばならず、知識と情報を得るために高い月謝を払いながら、非人間的な競争を幾つも勝ち抜き、狭き門に殺到する。

書店に立ち寄るたびに、山のように積まれた知識と情報の詰まった本に圧倒される。これほど多くの知識と情報をどのように消化するのか考えただけでも気が遠くなる。私の知っているのはその中のごく僅かなものにすぎない。私は急に小さくなる。そして少し憂鬱になる。

私たちが生きていくにはどれほどの知識が必要だろうか。むろん人により異なろうが、多いほど良いようだ。多くを知っている人ほど役に立ち、優遇されるからだ。

ところがこれが問題なのだ。私たちは生きていく上でさまざまな知識を必要とするけれども、ときには過剰な知識が人間をその中に埋没させてしまう。人間は本来問うことを好む。中でも知識人はとりわけ分別し、問うことが好きだ。理屈っぽく、単純でも素朴でもない。それゆえ自縄自縛の陥穽《かんせい》に落ちてしまう。

私たちはどれほど多くを知っているのか。これはどれほど複雑に分別しているかという意味でもある。外部の多くの知識にだけ依存すると、私たちは自分の言語と思惟を奪われてしまう。こうして現代人は接触が少ないからというより、あまりにも多すぎて疎外感をもつようになる。大地に根を下ろすことができずに、永劫に彷徨う旅人になる。ファウストの比喩を借りるまでもなく、灰色の理論に埋もれて命の木が萎れているのだ。

それでは、知っているということは人間とどのような関係にあるのだろうか。知識は人間を形成する本質的な要素になりうるのだろうか。サンスクリットでは、知識は認識を意味する。語源から言えば、知っていることを細分すること、すなわち分別する知識、分別知である。そしてこの分別知は人格とは直接の関係はない。ただ知るというだけの意味である。

いにしえの師匠方は、このような知識を「分別妄想」と言って取るに足りないものと見なした。その代わり、分別を超えた無分別知の世界を追求し、そこへ到達しようと努めた。ここで言う無分別とは、いたずらにじたばたすることではなく、微に入り細を穿つ分別妄想を超越した境地を言う。

智慧とは「統合する」という意味だ。それで智慧を無分別知とも言う。この智慧は人格と直結しているので、行動と責任が伴う。私たちが頼りにすべきは思弁的な知識ではなく、無限の光、すなわち智慧であると、仏教の経典は繰り返し強調している。

九世紀中国の禅僧に潙山《イサン》（霊祐、七七一―八五三）という方がいた。彼の語録は早くからわが国僧伽の発心修行者の教材に使われたほど広く知られていた。彼の門下に身長が七尺豊かの聡明で才能に恵まれた香厳《コウゲン》という学人がいた。潙山は香厳の器の大きさを一目で見抜き、ある日次のように言った。

「今まで見たり聞いたりしたことを忘れ、お前の本来の面目を言ってみろ」

香厳はあれこれ考えて答えたが、師匠は全部違うと言う。香厳は部屋に帰り、持っていた書籍に答えを探そうとしたが見つからなかった。師匠の許に戻り、教えを請うた。

しかし潙山は次のように言うだけだった。

「私が話すことは私の考えで、それがお前に何の役に立つのだ」

香厳はこの言葉に大きな衝撃を受け、持っていた書籍を全部燃やして独り修行を積んだ末、本来の面目を悟った。

青白い知識人、無気力な知識人という言葉を聞くことがある。香厳は今日の私たちだ。ふだんは世間を牛耳るかのように大言壮語する知識人も、状況が変わると声も出せずによろよろと座り込んでしまう。いざ行動が求められると、縮み上がってしまうのだ。このような知識人など、高が知れている。ここからも知識が人格とは別物であることが分かる。

微に入り細を穿つ分別からは、賢い行動は生じない。勇気のある好ましい行動は、理論からは生じない。行動は信念からのみ生まれる。それでは信念はどこから出てくるのか。分別の知識からではなく、無分別の智慧からおのずと湧き出てくる。

したがって人格を創り上げる根源的な要素は、灰色の理論的な知識ではなく、汲んでも汲んでも湧き上がる智慧だ。それゆえ、知識が知識本来の機能を発揮するには、智慧にまで深まり、昇華せねばならない。

人間を形成する基礎教育機関を学校と言う。ところが今日の学校教育の盲点は、知識の伝達だけに安住しているところにある。教育の語源は、詰め込むのではなく引き出すという意味だ。したがって教育の中心は知識の伝達ではなく、智慧を引き出すことにある。最近の教育は干からびた冷たい情報の交換に終始しているので、お互いの人格が交流する余地はない。昔と違って師弟の関係が断絶してしまったのもここに原因がある。

その影さえ踏むことを憚った時代の師匠は、それだけ絶対的で尊厳に満ちていた。しかし、知識を売買するだけの今日の関係はあたかも契約労働のようだ。弟子は一学期に何がしかの金を納め、何時間分かの知識と情報を聞きかじるのだ。したがって契約期間中でも、弟子の機嫌を損ねると影のご本尊さえ踏み倒される。このような雰囲気の中で人間が形成されているのであるから、冷酷な社会人に仕上がるのは当然であろう。

私たちの記憶に残っている師匠の像を指折り数えてみると、それほど多くはない。彼らが記憶に残っているのは、私たちに多くの知識を伝えてくれたからではなく、私たちの目が開くように刺激を与えてくれたからだ。その刺激によって私たちの内に折りたたまれていた智慧の翼が開いたのである。そのような師匠の像は、長い歳月を経てもなお、私たち自身を照らしてくれている。いわば師匠の人格が私の中に溶け込んでいるのだ。どのような教育が望ましいかは、私たちに残されたそのような師匠の像を通して如実に知ることができる。

知識が智慧へと深まるには、何らかの濾過の過程を経なければならない。何よりも自分の日常を客観化して反省する必要がある。純粋な集中を通して、生きる密度のようなものを意識することだ。徹底的に自分自身を凝視することによって、自分の存在を自覚することだ。私は何か？　私はなぜ生きるのか？　どう生きるべきか？　自分自身に対してこうした原初的な問いを投げかけねばならない。

それには独りでいる時間が必要だ。外部の情報から自由になって、心の奥の声に聞き入ることだ。私たちが独りいるということは、まともな私が存在するということだ。現代人は過剰な接触に追われて独りでいる時間を失っている。ぎゅうぎゅうに詰まった密から、空っぽの虚に慣れ親しむ必要がある。無心の境地が、純粋意識の状態が必要なのだ。

したがって独りでいることは、寒々とした寂しさではなく、本来の自己へ帰る道なのだ。それは堂々とした人間の実存である。人間は独りいるとき純粋になる。すべてを初めからやり直すようになる。智慧をしぼり、最善を考え、沈思し、高みを仰ぎ見る。さらに独りでいると、死とか永遠といった非日常的なことが分かってくる。日々死につつある自分の姿を近くから見、外被の中に実体を見るようになる。こうして人は我に返るのだ。

「真空妙有」とは、空の中に玄妙があるという意味だ。空っぽにしなければ新しいものを受け容れることはできず、自己の命の泉を清めることもできない。禅家では「入此門内　莫存知解」と諭す。この門に入るには、つまり真理の世界に入るには、微に入り細を穿つさかしらをやめよということだ。それまでの固定観念から自由にならないと新しい目は開けない、という切なる願いなのだ。

このような濾過過程を経て、私たちは自分の存在の重さや意味を悟ることができる。今何をしなければならないかを確信できる。そして歴史の声を聞くことも、おのれの命を羽ばたかせることもできるのだ。

私たちの師匠はどこにいるのか？　真の師は自分自身のほかにはいない。ここに人間の責任と矜持《きょうじ》がある。外部のものは、人間でも事物でも、私に刺激を与えるだけだ。その刺激を肯定的に、あるいは否定的に受け容れるのは、ほかならぬ私自身なのだ。したがって、正しいことを追い求める人は、探すことも大事だが、正しくない場合には潔く捨てて戻らなくてはならない。事実、探すことよりも捨てることがどれほど難しいか、私たちは経験を通して知っている。

ひとりの人間の生涯は唯一のものであり尊いものであることを、私たちは教科書その他から教えられている。だから迂闊に生きたり、無駄死にしたりしてはいけない、と。生きるとはどういうことだろう。それは言うまでもなく、一種の燃焼のようなもの。他人が燃えるのではなく、私自身がボウボウと燃えて灰になることだ。

唯一であり尊いという人間存在が、今日のように非人間化したことがあったろうか。凡俗な同質化の川の流れに浮かんで、画一の海へと絶え間なく流されているのだ。

私たちが動物ではなく人間であるのは、回心することができるという一点にある。間違いを知ったらすぐに改めることができるという点だ。そして回心の涙によって新たな目が啓《ひら》く。

いつだったか、ある著名人が暮らしやすいアメリカに移住した、という新聞記事を読んだ。同胞として寂しくもあり、多少はけしからんという気持ちもあった。ところが一月ほど経って、永住移民したと思っていた彼が帰国したという便りを聞いた。その人が帰ってきた理由のひとつは、三等車の切符で一等車に座っているような気分で、居たたまれなかったというものだった。彼は回心することのできる人間だったのだ。何かが間違っていると気づきながらも、周りの目を恐れ、あるいは体面を慮《おもんぱか》って沈黙してしまうことが世間にはよくある。彼の行為を軽率だと咎める人もいるだろうが、彼は自分の信念をもって自分らしく生きることのできる人間なのだ。

要するに、スミレはスミレらしく咲けばよい。それがスミレの役割なのだから。ところが、この時代の風潮はスミレがスミレらしく咲くのを妨げている。これが問題なのだ。どれも同じ品種の花になれと四六時中急き立てられている。庭の花が皆同じだったら、目は楽しまず、手入れもおろそかになるだろう。すべての花がそれぞれに咲き競うとき、その花畑は荘厳な交響楽の調和を奏で、四季折々に命の歓喜が弾けることだろう。

私たちも色とりどりの花のように生きられたら、どんなによいだろう。

冬の林

葉と実を寒風に吹き払われて、裸の枝だけ残った雑木林。落葉を踏みながら夕陽の中をそぞろ歩いていると、私に与えられた人生がどの辺りまで来ているかが分かるようになる。私に与えられた時間を、一度過ぎ去ればけっして戻ってこない歳月を、まともに生きてきたか振り返ると憂鬱になる。

落葉を踏む足の運びが遠慮がちになる。乱雑に散っている落ち葉一枚一枚にも存在する意味があったのだ。窺い知れない彼らだけの秩序や世界があったはずだ。この世のすべての存在は必然的な理由によって、そこに、そのように存在するのだ。

この秋は、かねての口約束を守るべく、山の庵を空にして巷を東奔西走した。用事を済ませて戻ると、いつの間にか紅葉した葉が散っていた。林を吹き抜ける夜風の音が、しばらく忘れていた心の奥庭を思い出させてくれた。

山で聞く風の音は、耳元を通り過ぎるだけではない。腹の底にたまったゴミや、血液に混入した塵までも掃き清めてくれる。山で吹く風の音は掃き清めたばかりの庭のように、私たちの心を静かに清らかに鎮めてくれる。都市で身につけた汚れをすべて吹き飛ばしてくれる。雑念のまったくない無心を開示してくれる。

風、目にも見えず捕まえることもできない旅人。見えず捕らえられないから、風は永遠に生き動く。そしてその息吹に触れるものすべてを元気づける。この世に風がなかったら、生きとし生けるものは生気を失い、窒息してしまうだろう。すべては色褪せ、灰になってしまうことだろう。

目に見えないから、手で捕まえられないから、存在しないと言えるのだろうか。見えないものに基づいて見えるものが存在するようになり、聞こえないものに支えられて聞こえてくるものがある。

インドのグル、ラジニーシは次のように表現している。

一滴の水をうっかりこぼしてしまうと
宇宙全体が渇く
一輪の花を手折るのは
宇宙の一部を折ってしまうこと
一輪の花を咲かせるのは

数万の星を瞬かせること
この世のすべてのものは、このように
互いに密接な関係から成り立っているのだ

山に登ってきた人びとを観察していると、山頂に座って正面に見える山を眺めながら「どうしてこんなに静かなの？」とか「静かすぎて落ち着かない」などと言いながら不安がる人たちがいる。彼らは都市に住む賢く怜悧な人びとで、いわば都市型の観念的な知識人たちだ。彼らは都市の混雑とか騒音にすっかり中毒してしまい、原初の秩序とか静けさをすっかり忘れている。何ものにも依存せずに純粋に独りいる時間を受け容れることができない。何かに寄りかからねば独りで立つことができないのだ。

彼らは自然そのままの静寂に耐えられないので、小川のせせらぎを消し、清らかで透明な鳥の鳴き声をかき消すほどのボリュームで携帯ラジオを鳴らし、大声でわめいて不安から逃げようとする。このような人びとを、万物の霊長などと言えるのだろうか。現代人は自分でも気づかないうちに、奇妙に、とても奇妙に変質している。

私たちは今日、なぜ「在るもの」だけに頼ろうとするのか。目に見え、耳に聞こえ、手で触れる現象だけに頼ろうとするのだろう。沈黙がなければ言語は発音さえできず、海がなければ陸も高く聳えることはできない。虚を背景としない実はひとつも存在しえない。

『金剛経』には次のような一節がある。

「凡所有相　皆是虚妄　若見諸相非相　即見如来」

見たり聞いたり触ったりすることのできる事物や現象は、すべて虚妄である。ゆえに諸相と非相、つまり現象と本質を一緒に見ることができるなら、このとき初めて宇宙の実相が正しく見られるという意味だ。言い換えれば、事物とか現象を正しく認識しようとするなら、現れている断面だけを見ずに、その背後までも見通さねばならないという意味だ。


仏日庵の周りの林にはノウサギやキジたちが棲んでいる。自分たちに害を与えないと信じているのか、私を見ても逃げることはない。雪が積もったときなど、ときどき豆などを撒いてやると、近くまで来て安心して食べている。こうした光景を見ていると、胸の奥に温かいものが流れるようだ。しかし、見慣れない人間が来るとすぐに逃げてしまう。たまに村人が登ってきて、庭にキジやウサギが遊んでいるのを見ると色めき立つ。捕まえて食べようとでも思っているのだろうか。同じ生物の仲間として仲良くすることなど、思いも及ばないようだ。純朴な獣たちは直感的に危険を察知する。

十二月初旬になっても、竹藪の端にある二本の柿の木には柿が鈴なりにぶら下がっている。寒波が来るまでは落ちないだろう。中にはキジなどの鳥に啄《ついば》まれて傷ついたものもあるが、大部分は無傷だ。だいぶ前から人びとが柿を見上げながら、なぜ採らないのかと食べたそうに言うけれども、私は、果物を口だけで食べるのではなく目でも食べる特技をもっている、と言うことにしている。実を言えば、庭に遊びにきた鳥たちにやるものが何もないから、柿でも食べていきなさいと残しておいたのだ。私は私で、日に何度も初冬の空を背景にぶら下がっている赤い実を見て楽しんでいるのだから、一挙両得なのだ。

前山に雪が白く降り積もった日などに、裸の枝先にぶら下がった柿の光彩を見た人なら知っていよう、その驚くべき色の調和を。本寺の文殊殿に住んでいたヘダム和尚は、雪の降る日には、かの神秘的な柿の光彩を見に、わざわざ急な坂道を足を滑らせながら登ってきたものだった。冬季の色彩の調和としては、まさに絶品であった。食べてしまったなら、このように目に沁みるほど美しい柿を味わうことができただろうか。イエーツの詩だったろうか、酒は口で味わい、愛は目で味わうと詠っているが、美しさも目で味わうものなのだろう。

冬の林は、無駄な虚飾をすっかりふるい落として本質的なものだけに集約された、木々の本来の面目である。林は沈黙の意味を知っている。沈黙を背負って立ち上がる。春になると芽を吹き、淡い緑色の染料をはにかみながら塗り広げ、夏には暑い陽の光を浴びて涼しい日陰を大地に差しかける。秋になると果実を成熟させながら谷間を色とりどりに染め上げ、やがて潔く葉を落とす。そして幹や枝を虚空に広げて黙想に入る。

生きるということは、絶えず自分自身を創造することだ。このほかならぬ自分が、自分を自分に造ってくれるのだ。この創造の努力が止まるとき、木であれ人間であれ、老いと病と死が訪れる。

外見では木々は無表情に黙々と佇んでいるようだが、内では瞬時も創造の仕事を止めてはいない。大地のささやきに耳を傾けながら、新春の芽生えに備えているのだ。やがて時節因縁が訪れると、内に蓄えた生命力を大地の上に伸び伸びと茂らせることだろう。

少ないもので満足せよ

欲の深い人は、利益への願望が強いので苦しみも大きい。一方欲の少ない人は、求めるものがないから心配事も少ない。また欲望をなくそうと努めている人は、心が安らかで心配事や恐れもないから、仕事に余裕があり、世知辛くない。そしてついには苦悩がすっかり消滅した解脱の境地に入る。これを少欲と言う。

すべての苦悩から解放されるには、まず満足することを知らねばならない。満ち足りることを知る人は、豊かで楽しく安らかだ。このような人は、たとえ土の上で寝起きすることがあっても安楽でいられる。

しかし満足することを知らない人は、たとえ天上に上げられたとしても満足しないだろう。満足できない人は豊かなようだが、本当は貧しく、満足できる人は貧しいようだが、実は豊かなのだ。これを知足と言う。(『遺教経』)

私たちに具足戒(比丘戒、この戒を受けて僧になる)を授けてくださった戒師慈雲《ジャウン》和尚(一九一一一九二〇）から返書を戴いたことがあったが、文面は八字だけだった。「少病少悩　少欲知足」少しだけ病み、少しだけ悩み、少しのもので満ち足りよ、という意味だ。元来修行者の手紙は簡単明瞭だ。要件だけで済まし、社交辞令は蛇足でかえって失礼になる。

修行者の生活自体が単純で淡白だから、やりとりする便りも淡白にならざるをえないのだ。さまざまな階層の人びとと手紙のやりとりをしてきたが、慈雲和尚の手紙は二十年以上経った今でもはっきり記憶に残っている。和尚の人品そのままに、どっしりと生真面目に一字一字刻むように万年筆で書かれた文字と、その内容の印象が強烈だったからだ。

今日私たちはどこでも物質の洪水に押し流されている。一般家庭でも寺でも変わりはない。物が溢れているので大事にすることを知らず、ありがたく思うこともない。昔のように繕《つくろ》い、修理すれば使えるものも惜し気なく捨ててしまう。物だけを捨てているのではなく、物を惜しみ大切にする心まで一緒に捨てているのだ。

昔の禅師たちの語録を見ると、袈裟を一枚もらっただけで感謝に堪えず、台座に上がってその功徳を賛嘆し、お経まで唱えたと言うが、今日ではそのような感謝の気持ちが忘れられている。

さらに、昔はどの寺でも布施されたものを大切に扱ったが、最近はそのような配慮はどこにも見られない。それほどに今日の私たちの意識は鈍くなり、寝入ってしまっている。

物が溢れているからその大切さが分からなくなっているけれども、物に対する気持ちはもっと大切にしなければならない。

ちり紙の使い方ひとつからでも、その人の心根を知ることができる。ちり紙が自分のものであれ他人のものであれ、必要なだけ使えばいいものを、鼻をかむだけのために何枚も束にして引っ張り出す。トイレの後始末に紙を際限なく巻き取って浪費する。このような光景を見るたびに、みすみす福を逃す所業をしている、と残念でたまらない。私たちはいつからこんなにも浪費をするようになったのか、反省すべきではないだろうか。

今日私たちは、他人よりも多くを所有しようとするばかりで、その過剰な欲望を抑制しようとはしない。かつて人びとは、少しの物でもありがたがり、大事にして満ち足りたものだ。しかし現在の私たちは、多くの物を持っていながらも感謝し大切に思うことを知らず、満ち足りることもない。ただつねに不足をかこち、喉が渇くだけである。

かつて私たちは、少ししか持っていなくとも賢く情け深かった。現在の私たちは多くを所有しているけれども、賢くも情け深くもない。智慧とか徳などは偶然に生ずるものではない。日々生きる過程で練磨し積み上げねばならないものだが、そのことに気づかないから、人間の世界はいよいよ衰弱する一方なのだ。

今は故人になられた方丈《バンジャン》九山《クサン》和尚（一九〇九—八三）は問答の中で「飢寒発道心」という言葉をよく使われた。ひもじく寒いところに求道心が滲み出るという意味だ。私もその通りだと思う。何ひとつ不足なく満ち足りてしまうと、満腹した豚のように鈍感になってしまう。心の鍛錬は、張りつめた覚醒した精神がなければ不可能だ。

少し不足していて欲しいものがあって初めて、それらを持ちたいという期待とか希望がもてるのであって、そのような余白がなければ期待とか希望さえも抱けない。たとえば、ある店の前を通り過ぎるたびに、いつか余裕ができたらあれを家に買い入れよう、と考えるだけでも、表情がこわばりがちな日常生活にわずかながらもゆとりが生まれよう。

可能なら、その期間を後へ後へと延ばせれば、期待が膨らんで幸せな気分が長続きすることだろう。しかし必要なものをすぐに買ってしまうと、期待とか希望、物を大切に思う気持ちをもつことができなくなる。いざ買い求めて身近に置くと、何日間かは嬉しく便利で、満足しているが、やがて飽きて〝管理人〟になってしまう。

多少のもの足りなさがあっても、より少ない財産で生活する人こそ生きるコツを知っている人と言えよう。最近のように日ごとに新しい商品が売り出され、人びとを戸惑わせる世の中では、よほど気持ちを引き締めないと月賦の奴隷になり、不本意ながら物の〝管理人〟になってしまう。誰それが何かを持っているのを見て、自分の置かれた立場とか身の丈を省みずに欲しがるのは、虚栄であり奢侈《しゃし》である。

少なく持つほど心の乱れは小さくなる。それに少なく持つほど、尊いもの大切なものを知るようになる。尊く大切なものを知らない人は、中身のない外面だけの人生を送っているにすぎない。

人間の欲望には限りがない。分に過ぎた欲望は人を蝕む。物質だけでなく名誉とか地位なども分を過ぎると、本人自身も居心地が悪く世の顰蹙《ひんしゅく》を買う。

お経の言葉にあるように、自分の身の丈に満足できない人は、外見では豊かに見えても内実は貧しく、満足できる人は、よそ目には貧しく見えても実は何ものにも縛られない豊かな人だ。

したがって、少ない物でも心豊かに生きる術を体得せねばならない。何ものにも縛られない自分自身の天真爛漫な姿のままで、心穏やかに生きねばならない。自分らしく生きることのできる人間こそ、真の人間と言えよう。

より単純に簡素に

庵のトタン屋根に積もった雪の融けて滑り落ちる音がけたたましい。雪の塊が滑り落ちる音にびっくりする。冬の間凍りついて息を殺していた小川も、一昨日からわずかにせせらぎの音を立てはじめた。日当たりのよい茂みの中からは山鳥が囀り出した。雨水節に入ってから、真昼の陽光には綿毛のような春の気運が感じられる。

庵の周りはまだ雪に埋もれているが、南の地方ではツバキが咲き、梅の枝の蕾が膨らんでいることだろう。わが山河に春が芽生えている。

一月に一回新聞に寄稿していながら、新聞を見る機会はない。世の中の消息はもっぱらラジオのニュースで大まかに知っているだけだ。

山中に暮らしながら、自然の側から見、聞き、考えて学ぶだけでも、生きていく上で何の不足もない。溢れる各種の情報を統制しなければ、情報に埋没して生きる活力を失う。見なくても、聞かなくても、知らなくてもいい事柄に、私たちはどれほど多くの時間と精力を浪費していることだろう。

生きる上で何が必要で、何が不要かを厳格に区別したいと思う。私なりの秩序がないと、私の生活は自主的なものではなくなる。唯一の情報伝達の機械であるラジオにしても、必要な情報に比べ、どうでもよい騒音でしかないものがはるかに多い。それゆえ、気象情報とか知りたいニュースだけを聞いたらすぐに消してしまう。

似たり寄ったりの繰り返しのような日々を多く重ねているけれども、厳密な意味では、人生には反復はない。私たちの生は毎日毎日が一回限りの新しいものだ。この一回限りの新しい生をむざむざ投げ捨てることなどはできない。

人生には理由も解釈も要らない。人生はただ生きねばならない。経験しなければならないこと、そして享受しなければならないことで人生は満たされる。愚にもつかない考えなどで貴重な神秘的な人生を浪費してはならない。頭だけの分別を捨てて、全存在を打ち込んで生きることだ。因習とか硬直したものをふるい落として、新たに始めねばならない。そうしてこそ自分自身を新たに形成することができる。

往時の禅師は語っている。

「人生は未来ではない。過去でもない。また現在でもない。人生は永遠に完成しないもの、しかし人生はすべて現在にある。死も現在にある。ところが、おのれがまことの真理に目覚めると生も死もなくなることを心に銘じよ」

遅きに失するが、私に望みがあるとすれば、それはことさらな見性とか成仏などではない。多くの修行者たちがこの見性とか成仏という沼にはまって萎縮し、昼夜を分かたず精進しているけれども、私は見性も成仏も望まない。聖人たちが異口同音に語っている「本来清浄」を確信しているからだ。この本来清浄を汚さないで存分に顕わすために精進するだけだ。

どうしたらもっと単純で簡素な生活が送れるか。これが現在の唯一の望みである。衣食住から思考や生活様式などをもっと単純に簡素にしたい。買って所有し、しばらく使って飽きると捨ててゴミにしてしまう消費の循環からできるだけ逃れたい。絶えず形成され、深化されねばならない創造的な人間が、どうして単なる物の消費者に転落していいだろう。

君の持っているその所有がまさに君自身であることを知らねばならない。単純に簡素に生きてこそ本質的な生き方ができるのだ。

思いついて「清く香しく」生きようという運動を始めたけれども、格別の意味はない。この時代があまりにも混濁し、殺伐に干からびていくのを見かねて、本来清く香しい人間の心性を、目に見えるように開花させたい、という単純で素朴な思いから始めたものだ。

世相を嘆く前に、まず自分の心を清く香しくすれば、周りの人びとも自然も清く香しくなるであろうし、私たちを取り巻く世相もまた清く香しい気運で満たされよう。

この冬、雪に埋もれた庵の炉辺で味読している『道徳経』で、老子は次のように語っている。

「名声と自分自身のどちらがより大切なのか。自分自身と財貨のどちらがより貴いのか。欲望を満たすことと欲望を捨てることのどちらが心配ごとを増やすのか。愛着が過ぎると必ず消耗も大きく、財貨を多く持つと必ず多くを失うものだ」

そして老子は次のような結論を下す。

「足ることを知れば辱められることもなく、止まることを知れば危うからず。もって末永く安楽を得る」

悠久の歳月に濾過されて生き残った古典は、読むたびに新たな道を開示してくれる。こうした智慧の教えが支えているかぎり、人間の心もつねに新たに蘇生することだろう。

雪に閉じ込められた私の安否を気遣ってくれる知人たちへの返信を兼ねて、この文章を綴っている。新春が芽吹いている。おのおのが冬の間蓄積した生を、思いきり展開する時が近づいている。

貧しい隣人から顔を背けて

こぬか雨が降って林には濃い霧が垂れ込めている。先ほどから下の谷間で人の気配とともに土を掘る鍬の音がする。こんな雨の日に誰が何をしているのか気になり、ぶらぶらと下りてみた。ごましお頭の五十台半ばのおばさんが二人、雨に濡れながら木の根を掘り起こしていた。聞くと、彼女たちは山向こうの村に住んでおり、明日が三十里（十二キロ）離れた廣川《クワンチョン》（江原道・寧越郡南面）の市日なので、薬草を掘りにきたと言う。薬草を売って必要なものを買うためだ。春はワラビとか山菜を摘み、ツルニンジンを掘り、秋はドングリを拾ってムク（トチ餅に似る）を作って市場で売り、冬には山竹を切って売ると言う。

このような雨の日も、貧しい生活の足しにするために働かねばならないのだ。世の中は公平でないと痛感した。薬草を市場で売って得る金額は高が知れている。都会の同年齢の女性が爪に塗り目元に塗る化粧品のひとつも買うことはできないだろう。彼女たちの雨に濡れた髪の毛や着物を目にして、そのまま通り過ぎることはできなかった。彼女たちを伴って庵まで登り、竈《かまど》に火を起こして雑煮を作って食べた。

おばさんたちが帰った後、坐禅をするからと、オンドルの焚き口近くの暖かい座布団に坐っているのが、今日ばかりはとても申し訳なく、わざとらしく思われた。もちろん人の生き方は一様ではなく、こうした不公平を今日初めて知ったわけでもないが、あのおばさんたちを見てからはさまざまに自責の念に苛《さいな》まれた。

物質を万能とし、大きさを誇る今日の風潮は、人間の精神を清め高めるという宗教界をもすっかり巻き込んでいる。あちらこちらで流行に乗るように、先を争って建てられる高く聳える数十億、数百億ウォンかけた教会、色とりどりに豪華に建てられた寺院を見よ。このような巨大で豪華な建造物の中で、果たして人間の精神はまともに浄化され深化するのだろうか。いにしえのイエスや釈迦が、このような豪華絢爛たる〝宮殿〟に住むことを望んだだろうか。

建物が大きく、大勢の人が集まるからと言って、神聖な教会や本山になるわけではない。そこに集まる人びとが、商業主義とか虚勢に毒されないまことの信仰をもっているかどうか、心の底から発心した修行者かどうかによって、神聖な教会とか本山になりえる。外見は立派であっても、商売人の市場に転落することもあるのだ。

昔の汾陽の善昭（九四七―一〇二四）とか薬山の惟儼《イゲン》（七五一―八三四）のような高僧の法会に集まった会衆は七、八人にすぎず、趙州禅師門下でも十人を超えなかった。しかし、その法会を当時も現在も大叢林（大修道院）と呼ぶのは、集まった人びとが例外なく炯炯《けいけい》たる眼光の修行者たちで、その時代を画する働きをしたからである。まことの宗教は、古今東西を問わず、騒がしい外的な拡散よりも静かで着実な内的な凝集を高く評価した。その結果、一般の信望と帰依を得て健全に発展してきたのだ。

ある禅師が崩れかかった寺に住んでいたが、修理しようとはしなかった。垂木《たるき》が折れ、壁が裂けて、その隙間から雪が吹き込んで禅師の頭の上に積もり、ときおりその雪を払い落とさねばならなかった。見かねた若い僧たちが禅室を改築するよう提案したが、禅師は聞き入れなかった。

「昔の修行者たちは、木の下とか岩穴の土の上に坐って修行した。それに比べ現在のわれわれは、古びた家ではあるが部屋の中に坐って精進できるではないか。人生は儚《はかな》いもの。修行できる時間はせいぜい三、四十年。どうして、新しい家を建てるために貴重な時間と精力を無駄にできるのだ」

それにもかかわらず修行者たちは去りもせず、新たな修行者が日を追って門下に雲集した。彼らは家を見て集まったのではなく、禅師の熱烈な求道精神と徳化を慕って訪ねてきたのだ。

一般社会でも、まともな人びとはなるたけ簡素な家に住もうとする。

それに反して、修道と教化に専念すると称する人間たちが、どうして金殿玉楼に住むことを望むのだろう。分に過ぎた豪奢な家に住む人間にかぎって、まともな生活を送る者は少ない。

建物が存在する以前に、まず清浄な信仰と修行があった。正しい信仰と修行が行なわれていれば、いつかは建物は建てられるものだ。

すべての宗教的な集会における核心は、覚めている清らかな魂だ。このような核心のない教会とか寺院は、魂の抜けた時価いくらの寒々とした建築物にすぎない。

禅僧、潙山霊祐（七七一―八五三）は百丈禅師（七四九―八一四）から開眼の認可を受けると、ただちに潙山の険しい山中にこもった。自ら木を切り、土を捏《こ》ねて粗末な草庵を建て、鳥や獣を友に清貧の中で熱心に修行した。野菜を作り、ドングリや栗を拾って飢えをしのいだ。お堂も財産もなく、従う信徒もいなかった。あるのは彼自身の一途な修行だけだった。こうして三十年が過ぎた。

その後、彼の徳化が世に知れわたると、優れた修行者たちが集まり、修道院を形成した。このとき初めてささやかな寺が建てられたのである。

このように、寺が建てられる前に、まことの修行がまず行なわれた。しかし今日、私たちの周りには寺や教会は至る所にあるけれども、まことの修行と信仰は稀である。以前に比べると、衣食住は豊かに便利になったけれども、義人と慧眼の士は稀である。

出家修行者の本分である修行と教化はないがしろにして、寺院の建物だけを巨大に築き飾り立てる。これは仏教のためでも真理のためでもない。寺院を管理運営する人たちの個人的な名誉や利益を図る所業としか見ることはできない。

新しく寺を建て、塔を立て、仏像を造り、何千貫もある梵鐘を造ることで、あたかも仏教が盛んになると錯覚する人がいるかもしれない。

何十億もの金を費やして豪壮な寺を建造し眩しく飾り立てたとしても、それは宗教の本分ではない。たとえ崩れかけた小屋に住もうとも、覚めた魂で発心修行し、正しく教化するなら、そのとき初めてこの地に仏教が新たに芽吹くことだろう。

私たちの内なる聖堂や法堂が崩れつつあるこの状況の中で、どこにまた聖堂や法堂を建てようと言うのか。国民所得が伸び、生活水準も欧米先進国に迫ろうとしていると言っても、私たちの周りには絶対貧困層が少なからずいることを忘れてはならない。この貧困が解消しないかぎり、〝先進国〟への途もけっして平坦ではない。どの宗派であれ、人間の霊魂を救済すると称するこの国の宗教人は、せめて彼らだけでも商業主義とか大きさを競う虚勢から目覚めねばならない。この時代の光と塩になるために。

人間と自然

自然は自らを調節するだけで、破壊したりはしない。人間が、文明化した人間が、自然を壊し汚染する。人間と自然の調和を無視した無節制な産業化と都市化によって、人間生活の源泉である新鮮な空気や澄んだ水が甚だしく汚染されている。巨大な物質の山に幻惑されて、天与のありがたい自然と環境を人間の手で破壊しているのが、愚かな今日の現実だ。

自然は私たち人間に、はるかな昔より多くのものを惜しみなく無償で恵んできている。きれいな空気と涼しい風、明るく暖かい陽光や天然の泉と川、沈黙に閉ざされた静けさ、星の輝く夜空、田畑の肥えた土、美しく香しい花、愛くるしく囀る鳥たちの歌、そして生気溢れる林……。

一日じゅう数え上げても、自然の恩恵を言葉で言い尽くすことはできない。この自然の恩恵に対して、大多数の人間は感謝するどころか、当たり前のこととして受け取っている。こうした自然の恩恵がなければ瞬時も生きていけないにもかかわらず、現代人はこのありがたい自然にあまりにも鈍感だ。

ひたすら多くの物を所有して便利に暮らそうとする小賢しく貪欲な現代人には、過酷に収奪されて病んでいる自然の呻吟が聞こえない。人間と自然の関係は、奪い奪われる略奪と従属の関係になってはならないのだ。

自然は人間にとって、根源的な生きる場であり環境である。文明は私たちが生きていく上でのひとつの道具であり手段ではあっても、最後の目的にはなりえない。

自然と人間は、母親と子供の関係として回復されねばならない。破壊されず、汚染されない自然に抱かれるときだけ、人間は荒廃や汚染から免れ、本来の健康を取り戻すことができる。自然は、疲れ傷ついた人生が寄り頼み、休養して慰めを得る唯一の休息のための空間なのだ。私たちの寿命が尽き、冷たい軀《むくろ》となって埋められ、一握りの灰になって撒かれる場所も、この自然であることを想起しよう。

二十世紀後半に入り、自然の破壊と環境の汚染が日ごとにひどくなり、私たちの生活の場は以前にも増して危険に晒されている。人類の未来を憂慮している多くの人士が、人類は未曾有の深刻な問題に直面している、と警告している。

一九七二年に発表されたローマ・クラブの報告書『成長の限界』は、現代が直面している諸問題に警鐘を鳴らして私たちを驚かせた。核戦争の恐怖とともに、人口増加と食糧問題、工業化に伴う貧富の格差、資源の枯渇、環境汚染などの問題が人類の未来を暗く不安にしている、と指摘している。

こうした問題は、人間同士の間が疎遠になり、人間と自然との関係が破壊された結果であると言えよう。平和の名の下に、地上の生命を何十回も全滅させるだけの核爆弾を貯蔵しているという事実は、人間と人間との距離がどれほど遠くなっているかを端的に示す不幸な現実だ。さらに私たちの山や海や河、大地や大気が深刻に汚染されていることは、人間と自然の関係が正常ではないという揺るがぬ証拠である。

人類の融和と前進を旗印とするソウル・オリンピックを契機に、今回のような国際学術会議が開催されたことは、人類が直面する課題を克服する上で意味があろう。

自然は、人間が生きる上で必要とする物質的・精神的に必要不可欠な多くのものを無償で提供している。ちょうど慈愛に満ちた母親が幼い子供に持てるすべてを惜しみなく与えるように。このような自然の贈り物を適切に有益に使用すれば、人間の生活は輝きを増す。しかしその贈り物を誤用すると、忘恩の対価を払わねばならない。

この地球が蔵しているウラニウムは、人間同士の殺し合いとか地球滅亡のためにあるのではない。人間が開発した核兵器によって人類の生存が危険に晒されているという矛盾を、どう受け容れたらいいのだろう。

石炭や石油などの化石燃料を過度に消費した結果、人間は幸せに生活できるようになったのではなく、むしろ生存の危険を招いた。燃料の過度の消費が地球を巨大な温室にするという研究結果が専門家によって報告されている。その結果、深刻な旱魃《かんばつ》によって家畜は危機に瀕し、農産物は減収になると予測されている。

こうした現象は言うまでもなく、自然を破壊し環境を汚染した人間の貪欲と愚かさの結果であり、警告である。子供が〝母親〟の恩恵に気づかず、身の程もわきまえずに傲慢になったことの因果応報なのだ。

過ぎたるは及ばざるがごとし、と言われるように、少ないものほど愛おしくなるものである。「小さいものは美しい」と言ったイギリスの経済学者E・F・シューマッハ（一九一一―七七）が指摘したように、無限の成長は有限な世界に適合しないのだ。

自然は私たち人間にとって、永遠の母性であるだけでなく、偉大な教師でもある。自然には独自の明確な秩序がある。春、夏、秋、冬など季節の秩序があり、種子を蒔き、手入れをし、取り入れる収穫の秩序がある。

旱魃が続けば雨を降らし、洪水になると雨を止め天気にする。風を起こして閉じ込められたものを解き放ち、古びたものをふるい落とし、水を絶えず流して腐敗を防ぐ。昼の労働でたまった疲労を癒すために、夜の帳《とばり》を下ろして休ませる。

このような自然の秩序に人間は順応しなければならない。そして私たちの生活が自然なものになるように自然から習得せねばならない。自然なことが即健康なことだからだ。

自然は、木や水や土、岩からなる単純な有機体ではない。自然は巨大な生命体であり、衰えることのない永遠なる母の胸だ。

自然には花が咲き散る自然現象だけではなく、詩があり、音楽があり、沈黙があり、思想があり、宗教がある。人類史上の偉大な思想とか宗教は、石とかセメントで作られた教室の中ではなく、汚れのない大自然の中で芽生え成長したという事実に思い至らねばならない。

木々が青々とした枝を伸ばしている林の中で、悠久に滔々と流れる河のほとりで、あるいは夜と昼の気温差の大きい沈黙の砂漠で、偉大な思想や宗教が芽生えたという事実は、現代人に示唆するところ少なくないであろう。

体が傷ついたり病気になったりしたら、病院に行って治療を受けるが、心が疲れたり病気のときは、病院に行っても容易には治らない。幼な子が母親の胸に抱かれるように、自然に抱かれて自然の声を聞き、その秩序を自分のものとして受け容れるとき、健康は回復する。

現代人が最も多く病んでいる精神疾患ノイローゼは、薬物治療では治すことのできない文明病だ。自然および最も自然な生活を通してのみ、精神状態は自然に機能を回復する。

大地と樹木、草花や水に親しむと、人間の精神状態はとても平穏になる。せっかちに慌てることなく、秩序整然たる命の海で泳ぐことによって、どのように生きるのが人間らしい生き方であるかをおのずから知るようになるだろう。

自然は無言のうちに、私たちに多くの悟りを与えてくれる。自然の前では、私たちの浅薄な知識などは引っ込めざるをえない。そして口を閉ざさねばならない。沈黙のうちで〝宇宙の言語〟を聞くために。

この沈黙の中に創造の秘密と愛の神秘を探ることができる。一粒の種子が大地に落ちて芽を出し、葉を茂らせ、花を咲かせ、実を結ぶまでには、そのような忍耐と沈黙がどうしても必要なのだ。なぜなら、自然自体が原初的な沈黙なのだから、自然の実体を認識しようとすれば、何よりも沈黙がまずなければならない。

太初の言葉の前に重い沈黙があったことは想像に難くない。沈黙こそ自然の言葉だからだ。優れた思想とか偉大な宗教は、枝葉末節の言語からではなく、自然の沈黙の中で芽生えたことも容易に想像できる。

砂漠の教父たちや禅師たちが、宇宙の言語であるこの沈黙のうちで成長し生まれ変わることができたという事実は、言葉を抑えることのできない現代の私たちに多くの教訓を与えてくれる。

自然の前で沈黙の意味を学ばねばならない。そして人間も自然の一部であることに気づかねばならない。

『旧約聖書』の「創世記」で、神は創造した男と女を祝福し、次のように言った。

「生めよ、ふえよ、地に満ちよ、地を従わせよ。また海の魚と、空の鳥と、地に動くすべての生き物とを治めよ」(一・二八)

ここで言う〝地〟は〝自然〟と置き換えることができる。この征服の思想に基づくヨーロッパの歴史が、絶えざる征服と搾取、力と鎮圧の歴史である、という事実はいちいち証明する必要もない。

しかし、自然は征服の対象ではない。征服の対象にはなりえないのだ。人間がこの巨大な自然をどうして征服などできよう。荒れ狂う台風と豪雨、田畑がひび割れ貯水池の干上がる日照り、大地が揺れて裂ける地震や爆発する火山を、どう征服すると言うのか。

ヒマラヤなどの高い山に登頂したとき「しかじかの峰を征服した」という新聞記事やテレビやラジオのニュースをよく聞くが、寝言のような言い草だ。その山の頂上を本当に征服したなら、そこで長期にわたって住まなければならないはずだが、一時間も経たないうちにのそのそ這い下りてくるではないか。

マスコミで働いている人びとは学歴が高く優秀なはずだが、しばしばこのようなおかしな表現をして憚らない。やはり「創世記」の後裔たちのようだ。

命を惜しまず這い上がる登山家の意志力と勇気を嘉《よみ》して、山がしばし受け容れてくれたことも知らずに、征服したなどと言う。なんと無知で傲慢な言い草だろう。山で遭難した人の大部分は山の本当の姿を知らずに、慢心して実力以上の相手に挑んだのだ。

二十世紀前半のイギリスの登山家で作家のF・S・スマイズ（一九〇〇—四九）は『山の精気』の中で次のように語っている。

「自然は私たちから離れているものでもなく、訓練して征服しなければならない対象でもない。それはわれわれの一部であり、万物を統《す》べる美しさであり荘厳さである。山からわれわれは悟りを得、生きる意味を学ぶ」

さらに彼は、人間が高い山に登るのは自然との親和を実現するためであると言う。そして次のようにも言う。

「頂上に到達することだけが登山のすべてではない。登頂は選択肢のひとつ、一本の黄金の糸にすぎない。軍人たちが、彼らより先に他の軍人らが占領した都市を蹂躙《じゅうりん》するように、頂上を蹂躙してはならない。ひたすら感謝し謙虚な気持ちで訪問するようにしなければならない」

このような精神は単に登山だけにかぎらず、人生全般についても言えるであろう。高い地位に就くことだけが人生の目的ではなく、自分に与えられた人生を瞬間瞬間最善を尽くして生きることに、生きる意味を置かねばならない。

山頂よりも、山頂に至るまでの過程により大きな価値がある。スマイズの表現を借りれば、王冠ではなく王国である。登山の喜びは、自分の脚で一歩一歩登りながら、じっくりと山の峰々を眺め、山の香りを嗅ぎ、山の鼓動に耳を澄ますことにある。

そして頂上における沈黙が、最も満ち足りた神々しい休息であることを知らねばならない。

さまざまな労苦や試練に耐えながらこの騒がしい世の中を生きてきた人が、おのれの夕映えを前にして語るべき言葉がさらにあろうか。ただおのれの歩んできた人生の跡を振り返るだけだ。

それでは、自然とは私たちにとって何であろう。目の前にあるただの土地ではない。すべての人間が過去と現在と未来にわたって生きる場所なのだ。私たちの祖父の祖父たち、祖母の祖母たちが、はるかな太古から生きてきた土地、私たちの肉親や友や愛する人びとの血と肉と汗が染み込んだ土、無数の霊魂が休息している聖なる大地なのだ。

それゆえ、このような土地は金儲けの道具や手段にしてはいけない。領土拡張の対象にしてもいけない。土地はその土地を最も愛する人びとが耕し、守るべきものだ。

一八五五年、アメリカの十四代大統領フランクリン・ピアース（一八〇四―六九）は現在のワシントン州のある土地の買収を、そこに住んでいたインディアン、スワミ族の酋長シアトルとの間で交渉し、条約を結んだ。そのとき、シアトルは大統領に次のような手紙を送った。

空や土地の体温をどうして買ったり売ったりできるのですか？　そのような考えは私たちにはまったく馴染みのないものです。さらに私たちは、空気の新鮮さとか水の泡すら所有していません。この土地のあらゆる所が私の民にとっては神聖な場所です。あの輝く松の葉も、砂浜のある海岸も、暗く鬱陶しい林の中の霧も、鳴いている昆虫なども、すべては私の民の記憶と経験の中で神々しいのです。

白人たちが私たちの生きる方法を理解できないことは分かっています。彼らには一区画の土地はその隣の土地と変わりません。なぜなら、彼らは夜中に来てその土地から必要なすべてのものを略奪していく他人だからです。土地は彼らにとって兄弟ではなく敵です。その土地を征服した後も彼らは前進を続けます。彼らの旺盛な食欲でその土地を食べ尽くすと、あとには砂漠しか残りません。

あなたの提案を受け容れるとき、ひとつの条件を出したいと思います。獣のいない場所の人間とは何でしょう。もし林のすべての獣がいなくなったら、人間は深い精神的な寂しさのために死んでしまうでしょう。なぜなら獣たちに起こったことが人間にも起こるでしょうから。

私たちの神は、あなた方のと同じ神です。神の憐れみは白人にもインディアンにも等しく及びます。この土地は神にとって大切なものです。したがって、土地を汚すことはその方を冒瀆することになります。白人も消滅するでしょう。あなたが寝床を引きつづき汚染するなら、やがてあなた自身のゴミの中で息ができなくなるでしょう。

バッファローがすべて殺戮され、野生の馬がすべて飼い馴らされ、林の中の神聖な場所がことごとく人間たちの臭気で損なわれると、それは命の終末であり死の始まりです。

最後のインディアンがこの地から消滅し、荒野の上を横切る雲だけが残るとき、そのときでもこの海辺や林たちは、私の民の精神をとどめていることでしょう。あなたに私たちが暮らしていたこの土地を譲ったあとも、私たちがこの土地を慈しんだように慈しみ、私たちが見守ったように見守りながら、すべての記憶をあなたの心にとどめられよ。あなたがこの土地を所有したあとは、あなたのもてる力と能力と心のかぎりを尽くしてあなたの子女のために保護し慈しまれよ」（『シアトル酋長の手紙』については、真贋論争をはじめ、さまざまなバージョンがあるという）。

インディアン酋長のこの手紙は、百三十年前のアメリカの大統領だけでなく、自然をとことん破壊し環境を汚染させている今日の私たちに送られた黙示録であると見てもいいだろう。人間の生活は生態系の循環から抜け出すことはできない。私たち人間の行為が直ちに自然界に直接的な影響を及ぼし、その結果が再び私たちに返ってくる。この現象が因果の法則であり、宇宙の秩序なのだ。

今や私たちは考えを変えねばならない。人間の徹底した内的変化だけがこのような破局を克服できるからだ。根本的な解決のためには、人間の盲目的で惰性となった生活習慣を思いきり変えねばならない。

何よりも間違っているのは、現在の生活様式を正常なものと錯覚していることだ。消費を美徳とする現在の生活様式は、歴史的にはごく最近のものだ。

人間と自然の間に新たな関係を築く必要がある。それは征服とか搾取の関係ではなく、協力と共生の関係に転換されねばならない。

「捲土重来《けんどちょうらい》」という言葉がある。私たちが快適な自然環境の中で人間らしい生活を送りたければ、今日与えられている課題を克服することによってのみ可能だという意味にも取れる。

今日の文明は、自然が生んだ利子だけでは足りず、自然が積み重ねた資本まで取り崩している非情な状態にある。満身創痍《まんしんそうい》の自然の呻吟は、私たち自身の病いであり呻吟であることを忘れてはならない。

私たちがより人間らしく生きるには、可能なかぎり生活用品を少なく用いて簡素に暮らすことだ。私たちが使っているすべては地球上の限られた資源の一部であり、工場で機械や油や化学薬品から生産されるのだから、過度の使用は必ず自然の破壊と汚染を招来する。

靴一足、着物一着、家電製品ひとつ、家具ひとつ作るには、それだけの煤煙やゴミや廃水が吐き出されるという事実を忘れてはならない。

少しの物だけ持つと、それらが大切に思われる。多くを持てば、それだけ人間の領分は衰えるのだ。

最後にわが国の先人たちが自然とどのように共感しながら生きたか、一篇の詩調《シジョ》（朝鮮固有の定型詩）を通してみてみよう。十六世紀の宋純《ソンスン》（一四九三―一五八三）の作品。

十年間宮仕えして三間《みま》の草庵を建て
私が一間に、月が一間に、清風が一間に入ると
河や山の入る部屋はないから周りに置いて眺める

単純で簡素な暮らし

庭先で乱舞するホウノキの落ち葉を拾いながら歳月の無常を噛みしめる昨今、私自身もいつかはこのような落ち葉になり、土の中に埋もれ朽ちるのだろう、とふと思う。夏の生い茂った木の濃い影も秋風が立つとだいぶ薄くなった。緑が褪せ紅葉の始まった山の端は、朝まだきの霧で雲海に浮かぶ島のようだ。

世の中に居候する私たちも、ひとりひとりが島のような存在に思えてくる。広大無辺な宇宙空間に黙然と浮かんでいる島、もちろん島はその根を地球という大地に下ろしているけれども、ひとつひとつが寂しく孤立して浮かんでいる。それゆえときには、ひもじさのような切なさをもてあます。私たちが過ごしてきた長い年月の間、果たして自分に課せられた人生を精一杯生きてきたか、と反省させる季節もまた秋である。

秋は思索の季節であるとよく言われる。春、夏、冬に比べて秋が私たちの思索の園を広げてくれることだけは確かだ。哲学徒でなくても自分の足元を凝視させ、それまでどのような人生を送ってきたか自問させる。

この秋、私は自分の人生をもう一度やり直したいという希望に燃えている。より簡素に、より単純に生きたいのだ。そこでまず、蔵書を大幅に整理することにした。古い本を抱えていると古い考えから脱け出すのは難しい。枠にはまった固定観念から脱け出るには、既存の価値体系からまず脱皮しなければならない。

本とは何だろう。もちろんその中には道があり、知識と情報への橋であり、知恵への道案内でもある。しかし一方、それはすでに固まった考えや言葉の倉庫だ。その固まった考えや言葉に囚われてしまうと、生きて躍動する考えとか新しい言葉は容易には芽生えない。言葉は存在の家でもあるけれども、創造的な思惟を妨げる要因にもなりうるのだ。

私たちの人生は、ときに新たな始まりと誕生がなければ陳腐になり、垢がつく。日常の惰性にずるずる流されると、私たちに与えられた人生は光と生気を失ってしまう。光と生気を失った人生は、すでに病んだ人生にほかならない。私たちの病はまさにこの光と生気の欠如から生じたものである。

秋夕（旧暦八月十五日）連休の頃、麓の村で車を雇い、本をソウルの薬水庵《ヤクスアム》に送った。その庵の図書室には書架が充分にある上、学究的な気風もある道場であり「古い考えと言葉」を並べるにはふさわしい場所のように思えたからだ。どんなものでも、その価値が充分に活用される場所に置かなければ光を発しない。

私はかつて麓の寺の図書館に、高麗大蔵経の影印本完本を初めとするかなりの蔵書を寄贈したことがある。しかし読む人もなく管理も杜撰《ずさん》だったため、どの本にもカビがびっしり生えているのを見て、後悔するとともに本に申し訳なく思った。そこでこんどばかりは後悔しないように気を配ったのだ。

お年寄りには失礼ながら、最近になって自分も年をとっているのだと感じることがある。以前ならどんなことでも思いついたら真夜中でも起き出して即刻片づけたものだ。あるときなど、軒下に吊るした風鈴が強風にあおられて騒々しく鳴ったので飛び起き、懐中電灯を手に梯子に登って風鈴を引きちぎり、遠くの林に放り投げたことがあった。机の場所を変えたいと思ったら、夜でも昼でもお構いなしに、即刻動かしたものだ。

そうした性分が最近になってだいぶルーズになり、ついつい先延ばしにする悪い癖がついてしまった。押入れの本を片づける予定を組みながらも一日延ばしにしていたが、この秋夕頃になって夜を徹してひとり悪戦苦闘の末すっかり片づけた。

先延ばしは間違いなく怠け癖だ。どうせ自分がやらねばならない仕事なら、先延ばしにしないで思いついたら即刻片づけることだ。その仕事をその日一日分の生活にすることだ。先延ばしは、朝露のように新鮮な生活に染みをつけるようなものだ。

満たされない日常から脱け出て人生を新たに始めたくなったら、まずなすべきことは所有と関係を整理整頓することだ。ときどきこの所有と関係を反省しないと、それらにがんじがらめに絡め取られて、本質的な人生を営めなくなる。

木々が秋になると身につけていた葉を未練なく払い落とすのは、単に自然の秩序に順応しているだけではないように思う。新しい命を育むために古い命と訣別している姿でもあろうか。古いものを捨てなければ新しいものは芽生えないのが 理《ことわり》 なのだから。

与えられた余暇と休みをどう過ごすかは、各自の生活態度と人生の有り様に直結する。この夏休みの間、渓谷であれ海であれ、人が何人か集まると決まって焚き火をして肉を煮たり焼いたりして食べるのを目撃した。そして食後はお決まりの花札だ。アメリカ政府が牛肉をもっとたくさん輸入するよう強談判《こわだんぱん》してくる背景を見たように思った。

せっかくの貴重な余暇を、あれほど多くの人びとが飲み食いと花札で過ごすとは情けないかぎりだ。それでも先進国の仲間入りをしたいと言うのだから、大それた夢だ。

人はどう生きるかと同時に、どう遊ぶかも知らねばならない。生き方を知らないから、自分に与えられた貴重な人生をつまらないことに蕩尽《とうじん》してしまうのだ。遊び方を知らないから、再創造に不可欠の反省と模索と探究の好機を惜しくも逃してしまう。

私たちが単なる動物ではなく考える能力をもった人間であるなら、ときには考える時間ももたねばならない。思索は人生の偉大な芸術のひとつだ。思索は誰かから学べるようなものではない。口を閉じて根源と本質に耳を傾ければよいのだ。

二十世紀の傑出したグル、クリシュナムルティは次のように語っている。

「自分自身を知ろうと思うなら、自らを静かに見守りなさい。自身の歩き方、食べ方、話し方、雑談、憎しみと妬みなどを仔細に見極めるのです。何も隠さずに自身の内部にあるすべてのことが見えるようになったら、それが瞑想の一端なのです」

自分の動作とか言語習慣、内面の動きなどをありのままに詳細に見つめていると、心は自然に安定してくる。何も考えずに、心がどっしり落ち着いて、澄んで透明になることが、すなわち瞑想の世界である。

彼はさらに言う。

「したがって、バスの中に座っていても、光と影に満ちた林の中を歩いていても、鳥の清らかな鳴き声に聞き入り、妻や子女の顔を眺めているときにも、瞑想の世界に浸ることはできるのです」

思索とか瞑想は私たちの日常の生活とまったくかけ離れた何かではなく、生活の一部なのだ。私たちに与えられた貴重な時間を、食べて遊ぶことだけに空費するのではなく、生活の最も純粋で透明な側面にも割り当てよう。

私たちがより簡素で単純な本質的生活を営むには、心の中で自分自身の存在を見つめることを怠ってはならない。最近社会の一角で過剰消費に対する反省の声が高まっている折から、単純で簡素な生活の意味を一度考えてみるのもよいであろう。私たちもいつかは落ち葉のように舞い散る存在なのだから。

台所訓

秋が更けゆくにつれ、草庵の仕事も忙しくなった。山中の人里離れた庵ですべての仕事をひとりで片づけようとすると、二本の足と両手だけではとても足りない。冬の間焚く薪を用意し、道場にも手を入れ、寒くなる前にキムチも漬けねばならない。「秋僧九足」という言葉があるが、これは二本の足で四方を駆けずり回っても追いつかず、足がもっと必要だという意味のようだ。

体は疲れるけれども自分流に生活できるので、何とか暮らせそうだ。何はともあれ今後共同生活はごめんだ。共同生活をしても得るものは何もないのだから。

出家以来、私はいつも僧侶の大勢いる本山だけで暮らしてきたのだが、最近になって芳しくないことを見たり聞いたりすることが多くなり、われ知らず小言を言うようになった。もちろん集団生活をするのは、互いに助け合い和み合いながら生きるところにその意味はあるのだが、小言は言うのも聞くのもいやなものだ。それに最近の僧伽の雰囲気は、伝統的な僧伽精神が受け継がれてはいない。どのみち、独り飛び出したからには独り離れて住まざるをえないのだ。出家修行僧の行く道は、犀《サイ》の角のように独り行く道なのだから。

食べることは本当にただごとではない。自炊した人なら誰もが感じるだろうが、食べることは楽しいどころか面倒くさいと思うことのほうが多い。食べないと病気になり倒れるから、とりあえず口に入れ、残すと腐るから食べ切るのであって、誰が自分のためにまめまめしく料理の腕を振るうだろうか。うまい食事の施しに与《あずか》りたければ、景気の良い都市の寺に居座っていればいいのだ。

山に入って、最初にテーブルを作った。部屋の中に木鉢を並べて食事するには何度も出たり入ったりしなければならず、台所で食べるにはテーブルが必要だったのだ。古い板切れを集めて調理台にも使えるようなテーブルを作り、椅子はブナの薪で間に合わせた。このテーブルに座って食事をしようとしたら、ふと「パピヨン」(アンリ・シャリエが自分の実体験を描いた小説の主人公。映画化された)の境遇が思い出されたので「パピヨンのテーブル」と名づけた。懲りずに脱獄を試みる男。無法と抑圧の支配する監獄から逃れようと、彼は絶えざる脱獄を試みることで自己の存在を確認しようとした。

私のパピヨン・テーブルには「食事は単純素朴に」と書かれている。いわば私の台所訓のようなものだ。山僧の生活の中で単純素朴なのは、食事だけではないけれども、少なくとも食事だけは煩雑にならないようにと落書きしたのだ。たまたま皿数の多い豪華な食卓を前にすると、考えが散漫になって味覚を失うのが僧の舌というものだ。

友人たちは私の単純素朴な〝餌〟を見て、健康を気遣ってくれるが、健康は必ずしも食べ物だけで維持されるものではない。智異山《チリサン》（慶尚南道・山清郡）で一冬、塩と醤油だけで、しかも日に一食だけで健康に過ごした経歴を私はもっている。肩書きに修道僧とありながら、食べたいものは何でも食べ、眠りたいだけ眠りながら、どうして修道ができるのか。私たちのような僧には現在の食事だけでもありがたく、過ぎたるものだ。

寒い日には台所に入るのが億劫になる。私の境遇を心配して海印寺《ヘインサ》（慶尚南道・陝川郡）にいる道友が賄いをしてくれる人を派遣すると言ってくれたが、食事だけでなく暮らしすべてを簡単明瞭に気楽にしたかったので、折角の好意をお断りした。

冬支度をしながら

霜が降り、小川に薄氷が張りはじめると、私の庵も忙しくなる。掘り残したサツマイモを残らず穫り入れ、冬の間ストーブで焚く薪を選んで軒下に分けて置く。薪が長いとストーブからはみ出すので、短いものだけを選び、丸太は割っておく。さらに焚きつけ用に松脂のついた松を細かく割いておく。

山中で過ごす冬は、燃料さえ充分にあればどんなに寒くても恐れるに足りない。食べるものはそのつど適当に作って食べればすむ。冬じゅう世話になる鋳物のストーブを、エゴマの油を染み込ませた雑巾で拭き、煙突の隙間にはアルミ箔のテープを巻きつけた。

私は性格的に生暖かい天気よりも皮膚がひりひりするくらいのほうが好きだ。生活に緊張感が伴うからだ。張りつめた緊張感がなければ山で暮らす張り合いがなくなる。

私が独りで暮らすのは、誰の助けも妨害もなく気楽に自分流に過ごせるからだ。三、四か月に一度くらい、用足しに以前住んでいた庵に行き、二、三日泊まることがある。誰かが作ってくれた食事をいただくのは楽であり、何人かで食べる楽しさを感じないわけではないが、自分の生活のリズムが崩れるようで三日以上は泊まらないようにしている。

独りで暮らす人間は、自分の生活を絶えず整理整頓せねばならない。内と外から自分の現在の姿を見つめ、点検しなければならない。自動車を運転するときのように、ぼんやりしないで自分自身を運転するのだ。自分なりの透徹した生活の秩序をもたないと例外なく醜悪になる。

生きて動くものはつねに新しい。新鮮になりたければ、固陋《ころう》な思考や生活から抜け出すことだ。どこであれ、安楽に居座るとカビが生え、錆びついてしまう。


ある日、仕事を終えて泥のついた道具を洗いながら、絶えず流れる小川の水源を突き止めたい衝動にかられた。靴を履き替え、杖を手に家を出た。二時間近くひたすら上流へと登ったけれども、水源にはたどり着けなかった。このときふとある考えが思い浮かんだ。

「そうだ、この世界が地、水、火、風から成るのに、小川の水源を探してどうするのだ」

土と水、火と風の、四つの要素からこの体も構成されており、私たちの世界もまた、地、水、火、風で構成されているのだ。この四つを離れて私たちは生きることはできない。水と火なしで、風や空気なしで、どうして生きられよう。

この秋、改めて土の恩恵について考えるようになった。高冷地では商品価値のない野菜は畑に放置される。庵に登ってくる途中に白菜畑があるのだが、かなりのものが放置されているので、秋の間じゅう摘んでは汁の実にしたりキムチを漬けたりして食べる。土のお陰でこんなに新鮮な野菜が得られるのだ。

登り下りしながら、しばらくの間鶏糞や農薬の異臭に悩まされた補償として、残りものの野菜が食べられるのだ。雪が降り積もり寒波が来るまでは、残りものの白菜の恩恵に与《あずか》れそうだ。

秋には、湿った小川のほとりに濃い藍色のリンドウが咲く。その根が龍の肝よりも苦いというので龍膽という名前がついたというが、龍を見た人間がいたろうか。またその肝の味を誰が味わったのだろう。名前にはこうした荒唐無稽なものが結構ある。

ともあれ、秋の野花の中ではリンドウは高貴な花だ。リンドウはいつも口が閉じたままだ。開いているのを見たことがない。植物図鑑を見てもたいていは蕾の状態だ。

小川に水を汲みに行くたびに、とても か細いリンドウが一輪、足元に咲いているのが目に入った。そのつど目を凝らして「元気かい?」と声をかけたりした。周りには多くのリンドウが元気に蕾を膨らましていたが、このか細い一輪だけがぽつんと離れていた。ある日、そのリンドウに私はささやいた。「まだ君の部屋を見たことがないから、扉を少しだけ開けてくれないかな?」

次の日、水を汲みに小川に行ったところ、そのリンドウがちょうど扉を開けてくれていた。初めて見るリンドウの花蕊《かずい》だ。そのリンドウは、あれほどか細かったリンドウは、他のリンドウが跡形もなく消えた後も私を迎えてくれた。

人間が温かい目差しと親身の関心によって植物の世界と共感できることは、よく知られている。植物学者M・L・バーバンク（一八九四―一九二六）は次のように語っている。

「植物を念入りに育てようとする場合、私は膝を折ってその植物に話しかける。植物には二十以上の知覚能力があるが、人間のものとは形態が違うためにそのような能力があることが分からないのだ……」

去年の夏、寺の境内の隅に捨ててあった蔓が目についたので、拾って鉢に植えた。最近になってその名前が「シンコニウム」であることが分かった。植えたときには葉は二枚だけだったが、一枚はすぐに萎れてしまった。毎日眺めては渇かないように水をやった。蔓はやがて元気になり、新しい茎と葉が生えたので、支柱を立て、茶殻を肥料代わりにやった。

葉が一枚だけだった蔓は、今では三十もの葉をつけ、茎も二尺半を超えるほどに伸びた。手塩にかけた返礼に見せてくれた元気な姿を見守りながら、植物は宇宙に根を下ろすという強みをもった生命体であることを実感した。

植物は人間に有益なエネルギーを与えているけれども、透明な人間でなければそのエネルギーを感じることはできない。アメリカ・インディアンは元気がなくなると、林の中に入り、両手を広げて松の木に背中をつけて、松の生気を受け取るという。

生きている生命体と仲良くすれば生きる活力が湧いてくる。植物から生の神秘を学び、生気を受け取ろう。

立夏節の手紙

この場を借りて、久しぶりに手紙を認《したた》めます。郵便料金が百十ウォンになったのも知らないほど手紙とは縁遠くなっていました。郵便集配人も来ない辺鄙な所ですので、手紙を出すことも受け取ることもありません。便りのないのが良い便りと言いますが、消息をやりとりしなくても、人びとはそれぞれ各自の世界の中で、そのときどきの消息を作りながら生きていきます。それにどんな手紙でも、受け取った瞬間の喜びが冷めると返事を書くこともなくなります。

去る四月下旬から仕事にかまけて忙しい日々を過ごしてきました。明日までもうひと踏ん張りしたら、とりあえず休むつもりです。ご存知のように、私がこの庵に身を寄せるようになってから、いつの間にか一年が経ちました。どのような因縁であれ、私を受け容れてくれたこの山河の恩恵に報いるためにも、木を植えようと決心しました。百里（四十キロ）離れた山林組合から苗木を買ってきて、庵の周りの荒れた畑に植えました。モミ二百三十株、エゾ松三十株、シラカバ百株、それにボタン五十株などです。植樹した後降った何度かの雨で、苗木たちは元気に新芽を吹き、葉を開いています。

私が自分の所有地でもないこの山中に木を植えたのは、けっして将来に何かを期待したからではありません。木を植えること自体が楽しく良いことのように思われたからです。私たちは先人たちが植え育てた木や林の恩恵に浴しています。したがって私たちも先人たちの志を受け継いで、木を植え育てるのが人の道理ではないかと思ったまでです。

シラカバの美しさをここへ来て初めて発見しました。冬、雪の中に裸のまま立っている姿もいいのですが、白い点々のある枝とか、新芽の小さく繊細な葉が風にそよぐのも、とても可愛いらしいものです。大関嶺《テグアルリョン》（江原道・平昌郡）には、防風林として密生しているモミ林の外側に、垣根のように背の高いシラカバが並んで、とても美しい光と形態の調和を見せています。最近嶺東《ヨンドン》高速道路（ソウル市と江原道江陵市を結ぶ）沿いのシラカバが黄緑の葉を開きつつあるのですが、見る目のある人ならその美しさに気づくはずです。

モミの木は、真っ直ぐに伸びるその青々とした気性が気に入っています。嶺東地方によく似合う木です。一見モミに似たエゾ松は、モミほどの勢いは感じられませんが、すっきりとした木です。苗畑で見たこの木の名前カムンビナムが気に入って、買ってきて植えたのです。

最近、オンドルの煙道上の石版を全部剝がして、敷き直しました。この庵の焚き口は、当初板の間の下にあって、火を焚くには、板を外して中にうずくまり薪をくべる、という不便極まりない構造でした。そして小川の近くに位置するのに標高が高いため、つむじ風が頻繁で火がなかなか点かないのです。着火しようとすると焚き口から炎や煙が逆流してくるので、たびたび煙にむせ、涙を流しました。そのたびに、焚き口をでたらめに作った人間を恨みました。この庵に来て以来、私の口が悪くなったのも、めちゃくちゃな焚き口の構造と、乱暴で図々しい運転手たちのせいかもしれません。

噂を頼りに、オンドル作りが上手という年寄りを遠くから呼んで、焚き口を外に出し、煙突の位置を変えてもらったところ、火つきが良くなりました。部屋の床を掘り起こしたついでに、鴨居も高くしました。ここに来て以来、低い鴨居に何度も頭をぶつけ、そのつど瘤《こぶ》をつくりました。これからは屈まないで胸を張って出入りできます。

二十里（八キロ）離れた所から大工を呼んで仕事を頼んだのですが、素人のようで工事はどれも不細工なうえ、試行錯誤の連続で一向に捗りませんでした。それでも人間が善良なので文句も言えず、そのつど冗談に紛らせて背中を叩かねばなりませんでした。

工事の後、材木が少し余ったので裏庭のヤマウメの下に小さな東屋を建てました。東屋といっても、裏の廊下を壊した廃材の板に四本の柱を立て、萩の茎を編んで囲った果物畑の見張り小屋のようなものです。それでも名前だけはいっぱしに「山梅亭」とつけました。

最近裏庭では、十本余りのヤマウメが枝一杯に白い花をつけています。誰がいつ植えたのかどれも古木で、冬の間の雪で多くの枝が折れ、幹さえ折れた木もあります。枝が真っ直ぐに伸びずに、花が房状につくところが梅と違います。実も普通の梅よりかなり大きいようです。このようなヤマウメが咲く枝の下の東屋なので、山梅亭という名が浮かんだのです。

また山中のあちらこちらに咲いているヤマナシの白い花も見事です。ナシよりもはるかに多くの花を咲かせます。遠くから見るとヒトツバタゴ（イパプナム）と見まごうほど木全体が白い花で覆われます。さらに山麓や畑の縁ではシジミバナ（チョパプナム）が満開になる季節です。ヒトツバタゴとかシジミバナあるいはパプテギナムなどは、いかにも農耕社会に由来するような名前です。

どれほど長く住むつもりで山中の庵を飾り立てるのか、と言われそうですが、前にも言いましたように、私はその仕事自体が好きだからするのであって、ほかに目的があるわけではありません。明日出てゆくとしても、今日したい仕事だからするのです。生活は永遠の現在ではありませんか。私たちはどんな環境や状況に置かれても、今この場で、このように生きているのです。

こんどの家の修理では、人のもつさまざまな側面を垣間見ることができて、大変勉強になりました。ひとりひとりがそれぞれの世界をもっているという事実もしっかりと確認できました。その人が徳のある誠実な人か、利害打算に敏い利己的な人間か、あるいは技能や知能は足りなくても善良な心をもった人間かなどを、その人間の仕事を見てたちどころに知ることができました。

二人の若者が最初から最後まで誠実に熱心に仕事をしてくれて、強い感動とともに信頼と親しみを感じました。ひとりは狭い坂道を登ることのできる小型のトラックで資材を運び、てきぱきと仕事を進めてくれました。もうひとりは耕耘機で重い石を運んだり、はるかな下流で苦労して砂を掘り出して運んだりしながらも、いつも元気一杯に笑みを湛えていました。私は人間の中心と出会ったような気持ちでした。人間の真実は無言の仕事の中で花咲くのです。

どんな仕事でも他人の迷惑にならないかぎり、全力を傾けて最後までやり通さねばなりません。部分的で中途半端な仕事は人間を散漫にし、究極に到達することはできません。

私の住まいを心配され、一度訪ねてみたいという知人たちの声をしばしば耳にします。そのつど私は正直に次のように話すことにしています。万一私の庵が、私の生活の場が、不幸にも知人たちに知れたら、その日のうちに荷物をまとめてもっと奥深い所に旅立たねばならなくなる、と。煩わしい関係から解放されて独りでいたい偏屈な人間は、望み通りにさせるのが、彼を理解し助けることになるのではないでしょうか。

仕事にかまけ、雲上禅院から送られてきた智異山の新茶もまだ試飲していません。毎年必ず贈ってくださるヒョンムク和尚の心遣い、その茶の香りのような心栄えに感謝して、この手紙を送ります。

第四部　私の好む生活

凡俗な日常生活からの覚醒は、自分自身の根っこを探る道へとつながる。

人には独りで過ごす時間が不可欠だ。本来の自分に帰るためである。

「私は誰か?」「私はなんのために生きているのか?」

このような原初的な人間としての問いに向かい合わねばならない。

無所有

「私は貧しい托鉢僧です。持っているものと言えば、糸繰り車と刑務所で使っていた茶碗、ヤギのミルク一缶、使い古しのショール六枚、タオル、それに取るに足りない評判だけです」

マハトマ・ガンジーが一九三一年九月にロンドンで開かれた第二次円卓会議に向かう途上、マルセイユの税関吏に所持品を広げて見せながら言った言葉だ。O・K・クリパラニが編纂した『ガンジー語録』を読んでいてこの一節が目に止まったとき、とても恥かしくなった。自分の所有しているものがあまりにも多いと感じたからだ。少なくとも私の現在の境遇では。

事実、この世に生まれ出たとき、私は何も持っては来なかった。与えられた寿命が尽きてこの地上から消えていくときも何も持たずに行くことだろう。ところが生活しているうちに、あれこれと自分の持ちものが増えてきた。もちろんこれらは日常生活に必要なものと言うこともできよう。しかし、どうしてもなくてはならないほど重要なものばかりだろうか。仔細に点検すればするほど、なくてもすむようなものが少なくない。

私たちは必要に応じて物を持つようになるけれども、ときにはその物のために少なからず気を遣うようになる。だから何かを持つということは、もう一方では何かに束縛されることを意味する。必要に迫られて持った物が逆に私たちを束縛して不自由にするなら、それは主客転倒で、私たちのほうが物に所有されることになる。したがって多くを持っていることは、しばしば自慢の種になるけれども、同時にそれだけ強く束縛されているということでもあるのだ。

去年の夏まで私はランを二鉢、真心こめて、それこそ真心の限りを尽くして育てていた。このランは、三年前に住処を現在の茶来軒《タレホン》（ソウル、奉恩寺）に移したとき、ある僧が贈ってくれたものだ。独り住まいだから、家の中の生物は、私とその子たちだけだった。その子たちのために育て方の手引書を求めたり、その子たちの健康のためにハイポネックスとかいう肥料を求めたりもした。夏には涼しい日陰に移してやったり、冬には室温を下げたりもした。

こうした真心をもっと前に両親に捧げていたら、さぞかし孝子の誉れ高かったことだろう。それほどに大切に育てた甲斐あって、春になるとほのかな上品な香りを漂わせる萌黄《もえぎ》色の花を咲かせて私を感動させてくれたし、葉は三日月のようにいつも初々しかった。わが茶来軒を訪れた人びとは、瑞々《みずみず》しいランを見ては異口同音に「美しい！」と言ってくれた。

去年の夏、梅雨の明けたある日、奉先寺《ポンソンサ》（京畿道・南楊州市）の耘虚《ウンホ》老師にお目にかかりに行ったことがあった。正午ごろ長雨に閉じ込められていた陽光がまぶしく降り注ぎ、林の中では渓流のせせらぎに和してセミの声が鳴り響いていた。

しまった！　このとき突如思い出したのだ、ランを庭に置きっぱなしで来たことを。久しぶりの煌《きらめ》く陽光が突然恨めしくなった。暑い日差しに晒されてうなだれているランの葉が目の前にちらついて、じっとしていられなくなった。あたふたと戻ってみると、案の定、葉はすっかり萎れていた。かわいそうに思い、泉の水を汲んでかけてやっているうちに何とか首をもち上げるようにはなったが、何となく瑞々しさが失われたようだった。

私はこのとき、全身で、そして心底から切実に悟った。執着が苦しみであることを。私はランにあまりにも執着しすぎたのだ。この執着から抜け出なければならないと決心した。ランを育てていたために、遊行《ゆぎょう》期が来ても身動きがとれず、旅立てなかったのだ。用足しで外出するときも、部屋の換気を考えて明かり取りの窓を少し開けておかなければならなかったし、鉢を表に出したまま出かけ、途中で引き返して取り入れて出直したことも一度や二度ではなかった。まさに凄まじい執着であった。

数日後、ランのように無口な友が遊びにきたので、そそくさと鉢を彼の胸に押しつけて持っていってもらった。こうしてようやく私は束縛から抜け出られた。羽ばたくような快い解放感。三年近く一緒に過ごした有情《うじょう》（生物）と別れたにもかかわらず、名残り惜しさとか虚脱感よりは爽やか気分の方が勝っていた。

私はこのときから、日ごとにひとつずつ捨てようと誓った。ランを通して無所有の意味らしきものを体得したとでも言おうか。

人間の歴史は、見方によっては所有史のようにも思える。より多く自分の取り分を得ようと絶えず争っている。所有欲には際限もなく休みもない。ひたすらひとつでも多く持ちたいという欲望に駆り立てられている。物だけでは満足できずに人間すら所有しようとする。その人間が思い通りにならない場合は、どのような悲劇が起こっても気にかけず、心神喪失に陥らせてまで他人を支配しようとする。

所有欲は利害と正比例する。それは個人対個人の場合だけではなく、国家間の関係でも同じだ。昨日の同盟国が今日は敵対するかと思えば、いがみ合っていた国同士が親善使節を交換するといったことは珍しくはない。それは、ひとえに所有に根ざした利害関係のためだ。もしも人間の歴史が、所有史から無所有史へと方向を転換したらどうなるだろう。おそらく争いはなくなるだろう。与えることができないために争うという話は聞いたことがない。

ガンジーは次のようにも言っている。

「私にとって所有は犯罪のように思える……」

ガンジーが何かを所有するのは、その物を持ちたいと欲する人びとが平等に持てる場合に限られる。しかし、それはほぼ不可能なことだから、自分の所有に対して自責の念を禁じえないのだと言う。

私たちの所有観は、ときに私たちの理性を狂わせる。自分の身の丈もわきまえずに夢中になってしまうのだ。しかし私たちは、いつかは必ず無一物で死んでいく。自分の肉体すら捨ててとラヒラと去っていく。どれほど多くの財産を持っていようとも死から逃れることはできない。

多くを捨てる人だけが多くを得るという言葉がある。物欲で心が病んでいる人には一度は吟味してほしい言葉だ。何も持たないとき、はじめて全世界が得られるというのが、無所有のもうひとつの意味である。

無言の約束

世の中が複雑になり世知辛くなるほど、名前を覚えるのも大変なさまざまな法律が続出して私たちを縛りつける。人が生きていくのにそれほど多くの規制が果たして必要だろうか。威圧的な法律が制定され公布されれば、それだけ世の中が平穏にならねばならないはずだが、むしろ物騒で極悪な犯罪が日を追うごとに増加しているのを見ると、理屈通りにはいかないようだ。国が腐敗すればするほどそれに比例して法律が増える、というタキッスの言葉は吟味に値する。無数の法律を見るだけで、どれほど多くの不法が横行しているかを知ることができる。法律がなくても平和に暮らした昔の人びとが羨ましい昨今である。

山道を歩いていると、分岐している所には石を積み上げたり、板切れを行く方向に向けたりした道しるべを見かける。分岐点にさしかかった人びとは、そのような表示がどれほどありがたいものであるかをよく知っている。言語や文字を借りなくても、後から来る人びとに正しい道を示しているのだ。この表示は私たちを規制するどころか、喜ばせ感謝させる。約束もこのような人間の信義に基づくとき、神聖なものとなる。

いつだったか、恩師の暁峰禅師から伺った話がある。禅師が若かった頃、気ままに方々を雲水行脚していた折、ある庵では以前から無言の約束が守られていた。標高が高く人跡の稀なその庵では、禅僧たちが夏の間着実に精進することができた。十月には雪が降りはじめ、翌年の春にならないとやまないので、十月中旬になると急いで下山しなければならなかった。

禅師が夏安居《げあんご》を過ごすためにその庵に到着したとき、空き家には食糧や薪が蓄えられ、裏庭に埋められた甕《かめ》にはキムチがたっぷり入っていた。禅師はその夏じゅう何不自由なく過ごすことができた。やがて秋になったので、禅師は下山を前に村へ下りて托鉢をして、食糧を蓄えキムチを漬け、薪を用意した。何年か後に再訪すると、人の住んだ気配は残っていたが、食糧と薪は依然として蓄えられていたという。

今日の私たちには、はるかな神話か苔むした伝説のように聞こえるけれども、当時はその庵にはいつからともなくそのような習慣が伝えられていたのだ。

それは無言の約束であった。互いに信頼し合う人間的な信義から行なわれた美しい習慣であった。そこには何らの強制も制裁もなかった。それゆえ自発的で善良な意志が働いたのだ。

人間が人間を信頼することほど美しいことが他にあろうか。人間が同じ人間を信じられず、恐れ、避ける風土では、どんなに約束を誓い、厚く丈夫な紙に署名捺印したとしても、あの無言の約束には遠く及ばない。

しばらく前に智異山に登った折、海抜一千七百メートルの高地にある庵に泊まったことがあった。広くもない部屋の押入れに鍵がかけてあるのを、苦々しい思いで見つめた。この人里離れた山頂で何を盗られるというのだろう。おそらくそこでは、無言の約束などは履行されていないのであろう。

満ち足りた監獄

野イバラの花が雲のように咲き乱れて山裾を上り、カッコウがせわしなく鳴く頃になると日差しが強くなる。昨日の夕方、野菜畑に泉の水を汲んで撒いてやった。すくすくと伸びるサンチュ、フユアオイ、春菊などは摘んだけれども、食べるのが気の毒だ。人間も喉が渇くと水を飲み、各種の飲料水を飲むのだから、萎れかけた野菜を見ながら知らん顔はできなかった。今朝は野菜畑に生気が漲っていた。その生気は、心遣いに対する応答なのだ。

今日すだれを取り出して掛けた。すだれを通して見ると景色に趣が増す。程よく遮ると美しさが際立つという不思議さ。しかし私たちは最近、遮るどころかますます露出しようとする。心に秘めるとか大切にしまっておくことができないほど、内面が虚弱になったからであろうか。

山に籠もって暮らしていると世情を知る機会がないので、観念的な思考に陥りがちになる。人びとが寄り集まって暮らす市井に出ると、動いている世の中を実感できるとともに、山の生活も別の角度から見えるようになる。

数日前、近くの町の市場に行って米と豆を買い、壊れた煙突を直そうと素焼きの土管を買ってきた。それに梅雨の間薪束の上にかぶせるビニールのシートも何枚か買ってきた。六月になったばかりだが、都市部はすでに夏の暑さだった。人びとは腕やふくらはぎを丸出しにし、胸元から肌が見える服を平気で着て歩いている。

子供ならさわやかで可愛いけれども、大人の場合はあまりにもどぎつく醜い。現代が虚勢、見栄、露出の時代であることを知らないわけではないが、家の中ならともかく街中での大胆な露出は、下品な人柄と礼儀知らずを晒すものだ。人間の体に獣のように毛が生えていないのは、衣服で程よく隠しなさいということではないのだろうか。隠す部分と露わにする部分を区別できて、初めて人間になれるのだ。

市外バスターミナルでは、騒音と混雑の中で毅然と座り、あたかも礼拝でもするかのような厳粛な格好でテレビの画面に見入っている人びとがいる。いわば、新興宗教であるテレビ教の信者たちであり、映像の奴隷たちだ。

こうした現象はターミナルだけではなく、買い物に行った店でも不動の姿勢で痴呆箱（テレビ）に見入っている。車に乗っても運動競技の中継やいかがわしい映画を流している。嘆かわしいかぎりだ。

専門の学者によれば、テレビの視聴は人間の脳を無気力にするそうだ。人間の脳波には、集中とか読書などの積極的な活動をするときに現れるベーター波と、脳の活動が低下したときに現れるアルファ波があるという。アルファ波は、受動的な、反応のない、ぼんやりした状態のときに生じる。臨床実験によれば、視聴者がテレビのスイッチを入れて二十分程経つと、ほとんどの人の脳波はアルファ波のぼんやりした状態を示すという。したがってテレビ教の信者になると、判断力を失って放送局の流す内容をそのまま受け容れるほかなくなるのだ。

それゆえテレビは、狡猾な政治家たちが愚民政策を行なうには最高にありがたく便利な道具であろうが、人間らしく生きようとする人びとにはとても恐ろしい罠となる。

哲学者マルクーゼは、私たちが生きているこの時代を〝満ち足りた監獄〟に喩えている。その監獄の中には冷蔵庫や洗濯機が備えてあり、テレビやオーディオもある。中に住んでいる私たちは、自分がそのような監獄に閉じ込められているという事実すらまったく知らないでいるという。

それでは私たちは、どうしたらこの監獄から逃れることができるのだろう。これは現代を生きる私たち皆の共通の課題ではなかろうか。

生気のない退屈な日々を繰り返す日常性の沼から脱け出るには、自分なりの透徹した秩序がなければならない。自分なりの秩序を作るには安易な日常性から訣別する決断が必要だ。

一本の木を育てるにも不必要な枝は剪定するのだが、人間形成においてはなおさら不要なものは断乎切り捨てねばならない。

近頃のように騒がしく、複雑で、落ち着きのない世の中では、何よりも単純な生活が不可欠だ。

そして自分自身を内省して、どのような人間になり、何を為すかを定め、実行せねばならない。

単純な生活は心を平安にし、本質的な生き方を可能にする。家具や室内装飾も、単純なもののほうが安く飽きもこない。人間関係も複雑なものよりは単純なものの中でこそ細やかな心遣いができる。私たちは例外なく、一時的な衝動や気まぐれや気分、それに惰性になった習慣とか周りの流行に支配されている。こうした流れから脱け出るには、外に心を奪われないで、自分自身を洞察する新たな習慣を身につけねばならない。

単純な生活を送るには、自己抑制と秩序のもとで、見なくてもいいものは見ず、読まなくてもいいものは読まず、聞かなくてもいいものは聞かず、食べなくてもいいものは食べないことだ。そしてできるかぎり少なく見、少なく読み、少なく聞き、少なく食べるほど良い。そうすれば、人間らしさを失う度合もゆるやかになり、生き甲斐も回復する。より少ないことがより豊かなことだからだ。

幸福の条件はけっして大きさ、多さ、雄大さなどではない。それは極めて単純で素朴なものだ。私たちは小さなことによっても、いくらでも幸福になれる。質素な生活と気高い魂をもって人生を送れるなら、どのような状況に置かれても幸福になれるのだ。

五月下旬、所用で釜山に行き、久しぶりにある知人に会った。向かい合って十分も経たないうちに私はひどく疲れた。挨拶が終わってからはこれといった話題もなく、上の空で言葉を交わしたからだ。近しい友人でも共通した知的な話題がないと、会話も凡俗な日常性の中を空回りする。日常性というのは一種の世間体だが、中身のない世間体は人を困憊《こんぱい》させる。

今日、至るところで家庭の危機が語られている。さまざまな理由があろうが、本当の意味での人間的な対話が断絶しているからではないだろうか。人間の対話というのは、互いの創造的な生き方を通して新たに展開していくものだ。創造的な努力も共通の知的関心もなければ、生気のない日常性を空回りするほかはない。そうなると互いに生きる活力を失い、冷えきった義務だけが残り、あげく満ち足りた監獄に閉じこもってしまうのだ。

豊かな監獄から脱出するには、何よりも精神がいつも醒めていなければならない。自分の人生に対する覚醒がなければ、脱出は覚束ない。醒めている人だけが自分に与えられた人生をまともに生きることができ、醒めている人だけが人生の質を高めるために絶えざる脱出を試みる。

生き甲斐のある人生とは何だろうか。欲求を満たす生活ではなく、意味を満たす人生でなければならない。意味を満たさないなら、人生は中身のない脱け殻にすぎない。

火田民の小屋で

どこかへ蒸発したくなるようなときがたまにある。長い歳月の間変わり映えなく繰り返される、無表情で、味気なく退屈な日常の枠から抜け出したいからだ。人生をもう一度やり直したいという熱望が内から湧き上がってくると、どこかへふらりと風のように飛んで行きたくなる。しかし、そのたびに行き先が思い当たらなかった。間違って入り込めば、やはり別の惰性の泥沼にはまるからだ。

去る四月十九日の午後、ソウルの法蓮寺での法会を済ませるや否や、私は誰にも告げずに旅に出た。ある深い山奥に火田民（焼畑農民）の廃屋があると知人から聞いて、決心を断行することにしたのだ。

急いで駆けつけたおかげで、春の長い日が暮れかけた頃、どうにか小屋に辿りつくことができた。そこは表札も番地もなく、電気も通信手段もまったくない、太古そのままの場所だった。谷川のせせらぎと谷間から吹き上げる風の音が腹の底まで沁み込んだ。夜の帳《とばり》が下りると、きらきら輝く星たちが溢れんばかりに光を放ち、コノハズクとヨタカが代わる代わる夜通し鳴いた。

ひと晩寝て起きると、頭がとてもすっきりしていた。谷川に下り、流れる水を掬って存分に飲んだ。文明に蝕まれていない所だけあって、せせらぎの水がとても美味しかった。

最初この小屋を訪ねたときは、人間が住めるような家なのか、周りはどうか、自分の目で確かめ、二日ばかり泊まって帰るつもりでいた。ところがひと晩泊まってみると、そのまま住みつきたくなってしまった。

翌日、二十里（約八キロ）離れた市場に下りて必要な道具を買ってきた。まず、薪をつくるには鋸《のこ》と斧が必要だった。食料は持ってきたので買う必要はなかった。

この得難い小屋でまる十一日間を過ごした。どこへ行っても自炊するのが私の運命《パルチャ》で、そのことが私を私らしくしてくれている。はじめの二、三日は電気がないので暗さが気になったが、すぐに慣れた。むしろロウソクの明かりのほうがはるかに奥ゆかしく、心を和ましてくれた。文明の利器に馴らされて、便利さと引き換えに多くを失っていることに、ふと思い至った。

この小屋で過ごす間、何よりもありがたかったのは、人間の影をまったく見ず、毎日繰り返される世の喧騒が聞こえてこなかったことだ。最近私は、人間を懐かしいと思ったことはない。「人間の影」という言葉を使ったが、もっと率直に表現すれば「人っ気」になるだろう。押しかける人びとに悩まされた身には、人っ気がないことはなんと素晴らしいことか。

私たちが心から逢いたいのは懐かしい人、恋しい人だ。ある詩人の表現のように「あなたが傍にいても私はあなたが恋しい」ような人だ。傍にいようが離れていようが、恋しさが込み上げてくるような人とはときどき逢わねばならない。恋しくても逢えなければ心が翳る。恋しさを伴わない出会いはひどく事務的な出会いか、日常的なすれ違いだ。単なる出会いとすれ違いには、魂の響き合いがない。魂の響き合いがなければ、会っても逢ったことにはならない。

ここに住みながら、新聞も見ず放送も聴かないけれども、いっこうに不便を感じない。私たちは麻薬中毒患者のように習慣的に新聞を広げ、放送を聴いているが、報道内容をよくよく見れば、益よりも害のほうがはるかに多い。特定政党内の大統領候補選びといった記事を、どうして毎日トップに掲げて煽り立てるのだろうか。そのような報道がわれわれの生活にどんな益があるのだろう。

良識とバランスを欠き、一方だけに誘導する言論の横暴が、私たちの澄んだ意識をどれだけ汚しているか省みることだ。後に山から下りて配達された新聞の山を見て、率直に言えば、これは喧しい騒音だ、ゴミの塊だと思った。私の精神と体に染みがつかないうちにと、すぐさま部屋の外に放り投げてしまった。

真に私たちが知らねばならないことは何か、私たちが生活する上でどのような情報と知識がどのくらい必要なのか、真摯に生きようとする人は冷静に選ぶ術を知らねばならない。この小屋で過ごすようになって、次のような昔の言葉を思い出した。

陽が昇れば外に出て働き
陽が沈めば部屋に入って寝る
井戸を掘って水を飲み
畑を耕して暮らす
誰が治めようが知ったことじゃない

まともな政治が行なわれれば、庶民の口からこうした歌が自然に流れ出るようになる。政治の話が出たついでにもうひと言付け加えよう。今年は大統領を選ぶ年なので、どんなに騒がしくなるのか今から心配になる。選挙戦の終盤には、いつものように地域感情を煽り立てて、票を集めようと狂奔するのは目に見えている。そうなれば、選挙が終わっても国民の感情と意識は四分五裂して、悪循環が繰り返されるだろう。

もし私に大統領を選べと言われたら、何よりも〝大統領病〟に罹っていない人を、そして一方に偏る強力な政治ではなく、しなやかな政治を行なう人に一票を投じるだろう。

絶対権力の時代はすでに過ぎ去った。しなやかさが結果的には強く、説得力をもつのだ。

四六時中が無理なら、せめて一週間に一、二回でも国民に笑いをプレゼントできるような、粋な男を大統領の椅子に座らせたいものだ。

この国の政治には、今まで笑いなど皆無であった。無辜《むこ》の庶民を恐怖と不安で震え上がらせ、張りつめた緊張感ばかり植えつけた。一度でも爽やかに笑ったことがあったろうか。笑いをプレゼントできない政治は香りのない花と同じだ。笑ってこそ事が順調に運び、福が訪れる。政治は正直で有能な閣僚に任せ、大統領は国民の生活に活気とゆとりをもたらす笑いをプレゼントすることだ。

この小屋では、夜となく昼となく谷川の瀬音が聞こえ、魂についた埃までもきれいに洗い流してくれるようだ。海抜七百メートルを超えるここは、春の訪れが遅く、私が小屋を離れる頃になってようやく全山のツツジが満開になった。

今年は春を三度迎えたことになる。最初の春は、ブーゲンビリアが炎のように咲き乱れる太平洋沿岸のカリフォルニアで。二度目は、サンシュユをはじめツツジ、山桜、クロフネツツジなどが眩しいほど咲き誇る曹渓山で。そして、一面に咲いたタンポポやツツジに閉じ込められることになったこの山奥の小屋で。

この春は、本当にありがたい季節の因縁に恵まれた。純粋に独りでいる時間を思う存分楽しませてくれた。独りでいればいるほど一緒にいる、という言葉が真実であることを得心した。

独りでいるということは、何にも染まらずに純真無垢、自由で身軽、部分ではなく全体として堂々と存在することを意味する。仏日庵で過ごした数年よりもはるかに新鮮で、楽しく幸福な日々を送れてありがたかった。

寿命が尽きるまで生きてこの世を去るとき、叶うことならこのような小屋から来世に行きたいものだ。人間が大勢集まる寺では、心置きなく目を瞑《つむ》ることもできない。死後の後始末もまた、なんと面倒で煩わしいことか。

私は、この表札も番地もない山奥の小屋で願をかけた。次の世ではどこにも所属せず、前も後ろも開かれた本当の自由人になろう、と。この願が成就するよう、今日を精一杯生きよう。

光と鏡

午後の入禅時間に禅室でうとうとしていると、竹林でパラパラと霰《あられ》の降る音がしたので目が覚めた。昼食後、尾根向こうまで行って薪を一荷担いできたので疲れたようだ。立春がとっくに過ぎたのに、風は冷たく、谷間ではときどき雪が降りしきる。

先ほど山道で碑殿に住んでおられるソンゴン和尚に会った。八十歳に近い老和尚が背負子に薪を一杯積み上げて行かれるのを見て、いつも勤勉で温和な修行者の姿に頭が下がった。ようやく食事の世話をする賄さんが来てほっとしたが、つい最近まで二人の老和尚が自炊しておられた。精進時間になると決まって念仏の声が周りに響いた。碑殿は念仏堂だからだ。ソンゴン和尚はかつて学人に経典を教える講師だったこともあるが、それを鼻にかけることはなかった。

若い僧侶たちにもへりくだってきちんと敬語を使った。この国で八十年近く生きながら、まだソウルに行ったこともないという、土の臭いを漂わせる慈愛に満ちた和尚。昨春、住職の計らいで済州島旅行をしたのだが、子供のようにはしゃぎ、漢拏山に登ったときなどは若い住職より元気に歩いたという。

本寺（松廣寺）臨鏡堂には今年八十六歳になられる翠峰《チボン》老和尚がおられる。若くして日本に渡って宗立大学で学び、何度か住職も務められた。勤勉と至純と清貧を実践して後学たちに模範を示された大徳である。

和尚は公私の区別を誰よりも厳格に守った。風邪をひいて寝ておられたとき、世話係りの僧が薬を煎じるためにショウガを一片厨房から持ってきて使った。それを知った和尚は、すぐに買って返すように言ったというほど、公私の区別に厳しかった。住職を務めておられたとき、寺の用事で出張して帰ると、支給された旅費の残りは十ウォンといえども返したという。最近は寺の職務についている僧のほとんどに、公の物をあたかも私物のように浪費する弊習がはびこっているが、老和尚の示した模範は格好の教訓となろう。老和尚は九十歳近い高齢にもかかわらず、朝夕の礼拝および共同の食事に欠席することは皆無であった。ともすれば礼拝をサボり、厨房で個人的に食事をしたがるふやけた坊主たちは、老和尚が示した僧伽の清浄な生活規範に学び従わねばならない。

このような老和尚方がおられる山で共に生活できる幸運を、私は心からありがたく思う。この方々は自らの生活規範を通して、周りの人びとに偉大な光と鏡の役割を果たしている。変わらぬ謙遜と単純と清貧を通して自らを救済するとともに、周りの人びとを感化しているからだ。

老和尚方は、参禅がどうの、話頭（考案）がどうの、見性がどうのと話されることはない。ただ黙々と行動で示すだけだ。何かを悟ったと吹聴して自己顕示に熱心な僧たちからは、多くの場合、修行者の徳性である謙遜とか、単純とか、清貧とか、穏和などを感じることはできない。猛々しい傲慢や、独善や、我執が普通の人よりもはるかにひどくて、一緒にいようものなら心穏やかでなく、困憊《こんぱい》する。

禅家に「閑古錐」という言葉があるが、これは磨り減って先の丸まった錐のこと。修行者の境地が円熟して、気勢が外に表れないという意味だ。したがって、猛々しいのは未熟さの表れなのだ。

知っていながらも、それにこだわらない成熟した智慧が大切だ。自分の知っている知識とか道を自慢する人は、けっして善知識ではない。観念の滓《かす》である想が残っている者は本物の修行者ではないと、大乗経典は口が酸っぱくなるほど語っているではないか。

修行者にとって重要なのは学識とか知識ではなく、智慧深く慈悲に満ちた行動だ。宗教とは灰色の理論ではなく、生きている行動だからだ。知識は自惚れを助長するけれども、愛は徳性を育む。

透徹した眼光と天を突く器量とで愚かさを破る、明眼宗師（高僧）の機能ももちろん必要だ。しかし、先に述べたような無名の老和尚たちのように、修行者としてつねに正直で謙虚に、不屈に生きることによって後学たちに及ぼす徳化の力は、それ以上に貴重だ。

人間を本質的に感化するのは、それらしい言葉ではなく、身をもって示す行動である。良い話をすることと、その言葉を行動に移すこととは別のことだ。ある人間の行為がその人の知識に勝るなら、その知識は有益である。しかしその人の知識が行為を上回るなら、その知識は無益だ。どの宗派であれ本物の修行者は、前後に遮るもののない丸見えの単純さに最も大きな喜びを感じる。

思い浮かべるだけでも襟を正したくなるアッシジの聖フランチェスコ。彼がクリスマスを前に、ある隠遁所で過ごしていたときの出来事だ。厳しい苦行を長年続けた彼は、晩年になるとさまざまな病苦に悩まされた。オリーブ油が健康によくなかったので、豚の油を用いた料理を少し食べた。断食が終わる頃、大衆の前で説教をしたのだが、冒頭で次のように語った。

「皆さんは私を聖なる人間と思い、献身的な愛からここに参集されました。しかし私はこの断食期間に、豚の油で料理したものを食べたことを皆さんに告白します」

彼は神に知られた事実を隣人たちに隠したくなかったのだ。このように、彼は自分の霊性に驕りとか煩悩の誘惑を感じると、すぐさま兄弟たちに隠さず事実を告白した。彼は同僚たちに次のように話した。

「私はこの隠遁所とか他のどこにいても、すべての人が私を見守ることができるように生きたい。彼らは私を聖なる人と見なしているのに、私が聖なる生活をしなければ偽善者になってしまう」

修行者がともすれば陥りがちな、外見と中身の乖離《かいり》した偽善を、彼は断乎排除したのだ。世の光と鏡になるこのような方々を師匠と仰ぐことは、ひとつの救いであり、大いなる慰めでもある。このような方々の徳化が及ぶかぎり、どのような世の中になろうと、人間は絶望したり滅びたりすることはないであろう。

生きているものはすべて一つの命である

どこかで一輪の花が咲くとき、それは宇宙の大きな生命力が花を咲かせているのだ。木枯らしに落葉が舞うのも、宇宙の生命力の一部が落葉となって舞っているのである。

ランプとかロウソクに明かりが灯るのは、油や芯を媒介にして、宇宙の中の火の気が明るく燃えるからだ。息を吹きかけて炎を消すと、その火はどこへ行くのだろう。大きな火の海へと再び帰っていくのだ。

このように、すべての個体の生命は大きな生命の根から分かれた枝たちだ。ときに枝は枯れるが、その生命の根はけっして枯れることはない。生命の根は宇宙の根源的な原理だからである。

私たちの社会は日に日に荒れすさみ、殺伐になっていく。日中に殺人や略奪が堂々と行なわれ、暴力や暴行が時と場所を選ばず横行している。平穏無事な日は一日たりともない。最近は新聞を見、ラジオを聴くのがとても怖い。どこかで何かぞっとするようなことが起きているかもしれないからだ。

人間の手で同じ人間を殺すとは、何たる仕業だろう。それもわずかばかりの金を奪うため、瞬間的な欲望を満たすために、何ら良心の呵責なしに子供であれ老人であれお構いなしに、残忍無道に殺害するとは、それでも同じ人間と言えようか。

どうしてここまで堕ちてしまったのか、嘆かわしいかぎりだ。今や人間がお互い同士を信じられない世の中になってしまった。せっかく国民所得が五千ドルの関門に達しても、私たちが人道を失うなら、何のための経済発展であり民主化なのか、省みざるをえない。


私たちの社会が産業化と都市化へ走り出す前の農耕社会では、今日のような非人間的行為は想像すらできなかった。大地の秩序を固く信じて耕し、蒔き、育て、収穫するだけで、分不相応なよそ見はしなかった。蒔いて、育て、取り入れるという平凡なこの真理を、大地を証拠として固く信じていたのだ。それゆえ、自ずと人間の立場と道理が身についたのである。

「土から遠ざかるほど病院と親しくなる」という言葉がある。身体の健康だけではなく、蒔いて、育て、取り入れるという秩序に背を向けると、人間は間違いなく病気になる。今日のような非人間的な行為は、ひとえに宇宙の秩序であるこの因果関係をないがしろにしたことに起因する病である。

汗を流して仕事をするという正当な努力もしないで〝一攫千金〟によって人間らしく生きる

ことが果たしてできるのだろうか。それは虚しい妄想であり幻想にすぎない。蒔きもせず育てもしないのに、どうして稔りだけ収穫できるのか。

いわゆる世事には、労せずに成るものも、只《ただ》ということも絶対にない。眼前の一面だけを見ると、あるいは〝労せず〟や〝只〟が転がっているように見えるかもしれないが、その深層を覗けば、自らに引き受けて自ら取り入れているのであって、誰かがやってくれるのでもなく偶然にそうなるのでもない。ほかのことはいざ知らず、宇宙の根源的な原理であるこの生命現象と因果関係だけは厳然たる世界の秩序であることを、銘記せねばならない。

人がどうして同じ人を殺すことができるのだろう。誰がどのような資格で人の命を奪えるというのだろう。

境遇が異なれば、外見はさまざまな形態を取りうるが、生命それ自体は絶対に消滅することはない。前にも述べたように、生命は宇宙の根源的な原理だからだ。

私たちが誰かを殺せば、結果的には私たち自身を殺すのと同じだ。この体は物質の化合した有機体だから、一定の衝撃を与えれば殺すことはできるが、生命の根源であるその霊魂は、どんなことをしても殺すことはできない。

そして、何の罪もないのに無念にも殺害された側は、対抗するだけの力がないばかりにその体を失うが、いつかはその恨みを晴らさずにはおくものか、という怨念を抱かざるをえない。まさにその恨みがこの輪廻の鎖となって、互いに復讐を繰り返しながらいつ果てるともしれない。これが、どの宗教の理論という以前の、すべての生命の原理である。

私たちが暗い思いを抱きながら生きると、私たちの生活も暗くなる。悪い食品、悪い空気、悪い言葉、悪い生活習慣は、悪い血を作る。悪い血は、当然のことながら悪い細胞、悪い体、悪い考えと悪い行動を生むのだ。どのような現象であれ、私たちが呼び寄せるから起こるのである。

私たちは伝統的な農耕社会の中で菜食を中心に生きてきたのだが、最近になって急に肉食偏重の食生活に変わってから、また過度な消費が助長されてから、私たちの挙動はかぎりなく性急になり、粗野になり、乱暴になり、殺伐になった。

政府も個人も、私たちの社会全体が、人間性を無視して経済的な欲求だけを満たそうとするから、日に日に葛藤と不幸がひどくなるのだ。人間の道理をないがしろにしたまま、経済面だけの社会発展を図ろうとしたため、その物質の山に押しつぶされて今日のような不幸が招来されたのである。

生きているものはすべて一つの命である、という宇宙生命の原理を信頼せよ。他人に害を及ぼせば必ず自分も破滅するという事実に目覚めて、いかなる誘惑にも負けないで人道を守れ。輪廻転生の中で人間に生まれることは稀有であると言われるが、人間の体をもらいながら人間らしく振る舞えないなら、来世ではどこで何に転生して耐え難い輪廻の苦痛に呻吟するか分かったものではない。

私の好む生活

雪になるのだろうか、真っ黒い雲が低く垂れ込め、谷間からは冷たい気流が這い上がってくる。急いで村の金物屋に行って雪掻きを買ってきた。この地方は雪の名所だけあって、他にはない道具を売っている。雪掻きを自分で作ると柄の部分がうまくいかないので、店で買ってきたのだ。

ストーブに薪をくべたとき、勢いよく燃え上がる音もいいが、ストーブの上に乗せた石釜の中で湯のたぎる音も、室内の暖かいこぢんまりとした趣を醸してくれる。山の中で暮らすと五官の中で聴覚が特に鋭敏になり、真夜中に南へ帰る雁の群の羽音で眼を覚ますことがよくある。

「ササック　セセック　ササック　セセック……」

糊の利いた襟を擦るような音だ。この真夜中に飛翔する雁の群の羽音は、あたかも霊魂が虚空を過《よぎ》る音のごとく聞こえ、目が冴える。自分の人生を振り返り、おのれの魂の重さが分かるような気がする。そして残された歳月をどのように過ごすか考えながら、雁の 群の 気配を追う。

雪掻きを買ってきたついでに、雪の話をしよう。竹林にパラパラ降る霰《あられ》の音が好きだ。この音を聞いていると、幼いときに祖母の膝枕で塩売りの話を聞いた記憶がふと甦る。何度聞いても、そのたびにハラハラしたものだった。古典とはそのようなものなのであろう。

何日も雪が降りつづいて道が閉ざされ、独り寂寞たる山中に閉じ込められたとき、私はあらためて独りの生活を享受しながら自分自身に返り、周りのものたちとの一体感を分かち合う。雪の上に残された獣の足跡を見ると、同じ山中に棲む仲間として親近感を覚える。

そして雪がやんで月が顔を出すと、月白、雪白、天地白の恍惚とした世界に息を呑む。月も白く、雪も白く、天地も白いという以外、表現の仕様がないのだ。昔の詩人の感性に脱帽する（十九世紀中頃、金剛山和尚と放浪詩人金炳淵とが詩の競作をしたときの最終句で、和尚の月白雪白天地白の句に、詩人は山深夜深客愁深と答えた故事による）。

真冬の小川のほとりで、凍りついた氷の下を流れる瀬音に耳を傾けるのが好きだ。腹の中まで沁み込む清冽な音が血管にまで入って、限りなく清めてくれるようだ。氷の中で柳絮《リュウジョ》が芽吹くのを見ると、寸時も止まることのない生命の神秘に頭が下がる。

生きとし生けるすべての隣人たちよ、幸あれ、平安であれ。

夏の日、汗をかきながら坂道を登り、峠に着いて聞く松籟《しょうらい》は五臓六腑まで爽やかにしてくれる。松の根本で松籟を枕にひと眠りしたくなる。私の好きな山中の風流だ。自分の脚で一歩一歩山道を登る者だけが味わえる清らかな幸せだ。

冬の林も好きだ。新緑が日々広がる初夏の林もいいが、足手まといになるものをサッサと脱ぎ、丸裸で冬空の下にすっくと立っている木々の堂々とした気概には及ばない。

林を構成する木々は、それぞれの特徴をもちながらも全体の調和を保っている。人間の集まり住む社会もこの林の秩序を習得すれば、過不足は解消するのだが。

一本の木に向かい合うとき、自分の姿も一緒に映すことができれば、木から学ぶことは少なからずあるはずだ。冬の林をそぞろ歩いていると、木々のささやき合う声が聞こえてくる。枯れ枝に葉と花を見ることのできるような人だけに、そのささやきは聞こえる。

外見では木々は冬眠しているように見えるけれども、春に備えて絶えず動いている。雪の中で芽吹いているのを見給え。そのような木を無闇に折ったり切ったりすると、自分自身の一部が折られ、切られるという事実を人間たちは知っているだろうか。木にも命の源である霊が宿っている。木を愛せよ。そうすれば愛の木霊《こだま》が私たちの心に響いてくることだろう。

日と月は、すべての生命の神秘がそのまま表れたものであると思う。宇宙を構成する陰陽関係だけでなく、日と月もなければ、生命は存続できないのだ。仏教の経典では、日と月を日光菩薩、月光菩薩と表現している。

日は沈む日がよく、月は昇る月がよい。これは私が以前からそう感じてしばしば話してきたことだ（もちろん主観的な見解ではあるが）。日は水平線とか海に沈む日が美しく、荘厳だ。月は何と言っても山の頂に昇る佇まいが愛らしい。

私の記憶の襞《ひだ》には、美しい落日の場面が何幅か大切に保管されている。今ふと思い出すのは、カリフォルニアの太平洋沿岸で、老夫婦が車に積んできた折りたたみ椅子に並んで座り、水平線の向こうに沈む夕日を黙々と見守っていた場面だ。そこは私もしばしば訪れ日没を見守った場所だが、その日はたまたま雨上がりの天気だったので、赤い夕日の輪郭がひときわ鮮明で、水平線に沈む一瞬一瞬、空と海に繰り広げられる光線の乱舞が息づまるほど美しかった。

人生の黄昏どきを迎えた老夫婦が一日の仕事を終え、海辺に来て水平線に沈む夕日を無言で眺める姿。彼らの姿と重なったその日の落日は、人生の静かで美しい落日として記憶に残っている。

夕焼けとしては、インド洋の真珠と称されるスリランカで、チーク林を燃え上がるように染めた夕焼けほど荘厳なものを見たことがない。

日の沈んだ後、空が赤く染まる現象を夕焼けと言うが、人が一生を終えて去った跡も夕焼けのように残るのではないだろうか。後悔することなく精一杯生きた人は、彼の残影である夕焼けも美しく映えるのではなかろうか。

裸足で畑に入り土を踏む感触もいい。夏、山の影が伸びる頃に野菜畑で草取りをするが、裸足で畑の土を踏むと、むず痒いような軟らかい感触とともに、土の気が体の中まで沁み込むのを感じる。そう、土は命の温床だったのだ。乾燥した種子を土に埋めておくと、やがて芽生えて葉を茂らせ、花を咲かせ、実を結ぶ。

土から遠ざかるほど病院が近くなるというのは、間違いのない真理だ。私たちの寿命が尽きて帰り、朽ち果てる所もこの土なのだ。このような土を汚染すると、自らの根もそれだけ虚弱になるという事実を忘れてはならない。

食べ物で何が好きかと問われると、答えに窮する。とりたてて食べたいものがないからだ。部屋の掃除を終えた後などに、ゆったりと落ち着いた気分で茶を楽しむことがある。

そう言えば最近、生ワカメを何回か美味しく食べた。生ワカメは硬くなる前に塩を少しふってから水で洗い、酢コチジャン（辛子味噌）をつけて食べると、山中でも磯の香りと波の音を聞くことができる。生ワカメの葉はえぐいが、茎はぷりぷりして噛み応えがあり、甘みもある。

明け染める黎明を映す障子に向かって、背筋を伸ばして座り、声なき声に耳を傾ける坐禅は日課の中でも一番好きだ。こうした時間、私は自分の中心にいる。そして明るい障子の下に座って古典を読む楽しみも捨て難い。その中には師匠や友人がいて、私の生活に生気を与えてくれる。

部屋が冷えてきた。オンドルの焚き口に薪をくべねば。

柔軟さが堅固さに勝る

秋になってから、寺に入門して最初に学び親しんだ書籍を読み返している。当時は深い意味を知る術もなく、ただ暗記して観念的な理解にとどまっていたのだが、独り山中に住みながら再読すると、深く共感できるようになった。文章とか思想はその著者の精神年齢に達して初めて理解できるようになる。そして生活環境が近いほど共感の度合も強くなる。

野雲《ヤウン》和尚（高麗末）の『自警文』に次のような詩がある。

木の根と木の芽で空腹をなだめ
僧帽と草衣で身を覆い
野の鶴と浮雲を友として
深山渓谷で余生を送る
体と心は禅定に入ってゆるぎなく

庵に黙然と坐り往来を絶つ
寂静森閑として無為
心は仏に自ずと帰る

夜空に月と星を見なくなって久しい。節気では明日は秋分だが、未だにどんよりとした夏の気配が濃く居座っている。

昨年に続いて、今年も台風が吹き荒れた跡があちらこちらに残っていて、胸が痛む。自然の威力の前では現代の技術文明も無力だ。どうして毎年このような災難が、無情にもこの土地を襲うのだろう。

地水火風からなるこの世界が、地水火風の恩恵だけでなくその被害もともに蒙るというところに、微妙な意味があるようだ。

先の台風を通して、風と水の威力のほどをこの地でいやと言うほど痛感した。台風が吹き荒れた秋夕の翌日の夜は一睡もできなかった。谷全体が押し流されそうな奔流の音と石の転がる音、トタン屋根を叩きつけるような豪雨の音に、ずぶぬれの獣のように怯え、眠れぬ夜を明かした。

夜が明けて外に出ると、谷間全体がまるで滝のようであった。すべてを押し流すような勢いで溢れていた。家の裏手に回るとオンドルの焚き口に水が四十センチも溜まっていた。

ラジオをつけると、昨夜この地域には四百ミリの豪雨が降ったという。自然の威力の前に、文字通り拱手傍観するばかりであった。

あれほど柔軟で謙遜であった水が、どうしてこれほど激烈になったのだろう？　弱いものが強いものに勝つという意味をあらためて噛みしめる。つまり、母性的な温和で柔軟な寛大さが、多くの生命を救済するという意味でもあるのだ。病んでいる現代文明も結局は母性的な柔軟さや温かさで治癒しうるということでもある。核兵器や巨大な軍事力をもちながらも、不安に苛まれ沈没を免れない、傲慢な帝国の姿がそのことを裏づけている。柔軟さが堅固さに勝るという教訓は、私たちひとりひとりが生きていく上でも役立つのではないだろうか。

老子もすでに語っている。

「上善は水のごとし。水よく万物を利して争わず、衆人の悪《にく》む所におる。ゆえに道に近し」

水には固定した形がない。円い器に注ぐと円くなり、角ばった器に入れると角ばる。さらに熱いと水蒸気になり、冷たいところでは氷になる。このように水は自己に固執しない。自己主張することなく他の意に従う。

生きている水はとどまることなく不断に流れる。川の水はつねにそこでそのように流れている。同じ水でありながらつねに新しい。今日流れる川の水は、水には違いないが昨日の水とは違う。川の水はつねに新しい。今日の私は昨日の私と外見はそっくりだが、実際は違う。今日の私は新しい私だ。生きているものは、このように、つねに新しい。

谷間を洗いざらい押し流すような勢いで荒れ狂った激流はどこへ消えたのだろう。台風が過ぎ去ると水は澄み、穏やかな本来の姿で流れている。水嵩の下がった川原には見慣れた岩の代わりに上流から見慣れない岩たちが転がってきていた。この渓流のほとりで、私は最近、柔軟さの隠れた実体とその威力をあらためて反芻している。

臨終を目前にした老師が、最後の教えを与えるために弟子を呼び寄せた。師匠は口を開いて弟子に見せながら尋ねた。

「口の中に何が見えるか?」

「舌が見えます」

「歯は見えないか?」

「和尚様の歯は皆抜けて一本も残っていません」

「歯は全部抜けているのに、舌が残っている理由が分かるか?」

「歯は堅固なために抜けてしまい、舌は柔らかいので最後まで残ったのではないでしょうか」

師匠は肯きながら言った。

「そう、柔軟さが堅固さに勝るということだ。これが世間を生きる智慧のすべてだ。これ以上お前に教えることはない。よくよく心に刻んでおきなさい」

庵からの手紙

節気では今日は夏至です。夏安居《げあんご》もいつの間にか半ばが過ぎてしまいましたが、その間随分忙しく過ごしたように思われます。ようやく山の静かな時間が戻ってきました。昨夜は久しぶりに星空を眺め、せわしなく飛び回るホタルの光も見ました。

久しく頭を悩ましていた部屋の大改修を断行しました。この辺鄙な山中で部屋を大幅に改築するのはけっして生易しいことではなく、頭の痛い仕事でした。突風が吹くと、煙突から出る煙よりもオンドルの焚き口から噴き出す煙のほうが多いほど、火の回りが悪かったのです。部屋の焚き口に近い所はフライパンのように熱く、反対側は冷えびえして湿気が多く、しばらく留守にするとカビが生えたものです。

今回は敢えて焚き口と煙突の位置を変え、オンドルの煙道の配置を変えたところ、ようやく火の回りがよくなり、部屋の中も均一に暖かくなりました。この経験を通して、私と誠実な作業員は、オンドルの巧妙な仕組みを体得することができたのです。真の学習は、理論を通してよりは自らの体験によって達成され、何回も失敗することによって構造上の原理を確認できることが分かりました。

　こうしたことは単に部屋の修理についてだけではなく、人事全般にも言えるでしょう。失敗がなければ自省は難しく、失敗とか挫折を経験することによって、初めて新しい道を探すようになるのです。それゆえ一生涯の過程から見ると、一時の失敗や挫折は新たな跳躍や前進のための踏み台となるのです。

　数日前に壁や天井に紙を貼ったのですが、まだ部屋の中には一物も置いていません。座布団、経机、茶道具なども板の間に出したままです。私はこの空っぽの部屋が気に入っています。邪魔になるもののない空っぽの空間が、広々してよい。多少の不便さや物足りなさもまた一興です。もちろん、いつまでも空っぽのままで住むわけにはいきませんが、できるだけこの状態を長く保ちたいと思っています。

　私の話はこのくらいにして、こんどはそちらの話を聞きたいものです。家の造作はどこまで進んでいるのだろうか。屋根に藁を葺《ふ》き終えたのだろうか。梅雨までに屋根を葺き終えれば、後の仕事はその中で進めることができます。私ならとっくに仕事を終えているところですが、未だに完成しないとはたいしたゆとりです。棟上げから一か月も経つのに、たった二部屋の家がまだ完成しないとは、あまりにも遅くありませんか。

確かに天候とか現場の事情があるのは分かります。それに、楽しく仕事をすれば良い結果が得られることも確かです。しかし私が心配するのは、ボランティアという名目で召集した施主を初めとする多くの人びとの恩恵や親切を、これほど長く頂戴していいものだろうかということです。施恩を多く被り、それに慣れてしまうと、精神が放漫になるという事実を肝に銘じなければなりません。二部屋の家を建てるのに、どれほどの人力と財力と時間を費やしているかを省みるべきです。

上棟式の祝辞でも述べたように、この二部屋の土の家がまことの修行者の住まいになることを願います。「夜有夢者不入　口無舌者當住」つまり、夢を多く見る人はそれだけ妄想と煩悩が多いのです。修行者は持ちものが少ないように、考えも質朴で単純でなければならないから、夢を見てはならないのです。修行者は言葉を口にしない人です。多弁な人は考えが外に流れ出て、内で熟する機会を失います。沈黙の美徳を身につけるよう心がけましょう。

その二部屋の土の家そのものが、質朴で単純な修行者の雰囲気を漂わせることを願います。今日私たちは文明の利器により、どれほど多くのものを失ったでしょう。修行者が溢れるほどのものをもらい、それを使おうとして、瞬間ごとに修行者の徳を消滅させているという事実を直視せねばなりません。

この機会に、いくつか頼んでおきたいことがあります。

一、その修行者の家に電気を引くことなどけっして考えてはなりません。電気が入ると付随して入る家電製品は、一つや二つではすまないでしょう。電話も必要ありません。便利さだけを追うと人間が小賢しくなります。不便さに耐えることが、すなわち道を磨くことなのです。

二、水道を引いてはいけません。水道が入ると、食べたり飲んだりも入り込み、自然に人びとが集まるようになります。飲み水はすぐそばにある庵の泉から汲めばすむことです。その家には茶以外の飲み物を置いてはいけません。湯飲み茶碗は三個以上置いてはいけません。それ以上はその家に不釣り合いな上、騒がしくなり茶の精神である静寂に反します。

三、その修行者の住処を「西殿」と名づけたのは、位置が庵の西側に当たるからでもありますが、仏様と祖師方の清浄な生活規範である西来家風を象徴したものです。したがって、その修行者の家には女性の出入りを禁じなければなりません。

四、その修行者の家に住む人は必ず夜明けの三時に起き、夜十時前に寝てはなりません。夜明けの礼拝は修道生活の中でも最も重要な日課なので、必ず守らねばなりません。

小言が長くなってしまいました。しかし最近はこのような小言を言う人間もしだいに少なくなったでしょう。悪条件の中で家を建てるために苦労した功徳は、その家に住んで精進する修行者に充分に報いることでしょう。家を建てることは誰にでもできることではないことは、経験を通してよく承知しています。

以上の頼みを守る修行者なら、私たちは同じ仏様の弟子として、同じ道を行く道友になれますが、そうでなければ、師と弟子の間柄であっても、志は十万八千里も隔っています。

終りに、古人の言葉を念じながら筆をおきます。

「口に言葉が少なく、心に想念が少なく、腹に飯が少ないようでなければならない。この三つの少ないがあれば、神仙にもなれるのだ」

世俗の家に背を向けて出家したときの初心を、いつまでも忘れてはなりません。

第五部　心底やりたい仕事をやり給え

過去は川の流れのように去り、未来はまだ来ていない。
過去とか未来にかまけると、現在の生活が消えてしまう。
今、ここで最善を尽くすことができれば
生死への恐れも忍び寄ることはない。
各人の立っているその場所で、自分らしく生きよ。

沈黙の目

禅家に「目撃伝授」という言葉がある。口を開いて話すのではなく、目と目が合うとき伝えたいことが伝わるという意味である。人間同士が近づきになったり疎遠になったりするのも、言語以前の目差しを通して行なわれる。言葉は説明したり解説したり、あるいは注釈をつけなければならない煩わしさと騒がしさが伴うが、目にはその必要がない。

向かい合えば瞬時に理解でき、心の中まではっきりと見透かすことができる。したがって近しい間柄では、声に出すよりもむしろ沈黙の目で意思疎通を図る。

しかしながら、目はどこまでも〝窓〟にすぎない。人を理解し判断するのは、目ではなく心だ。心の彩りが目に表れるにすぎないけれども、その人の窓である目を通して、その人の実態を摑もうとするのだ。

今日私たちは、人びとの目差しから希望よりも絶望を感じることが多い。何を考えているのか焦点がぼけて朦朧としている目。出世のために如才なく身を処しながら辺りを油断なく窺う目。椅子の具合が悪いのか、不安そうな落ち着きのない目。意のままに従わないと、ただではおかないぞという殺気立った目。これらの目に出会うと暗澹たる気持ちに襲われる。

富と権力をもった人間たちの傲慢で冷たい視線には、何とか耐えることができる。しかし、理不尽な仕打ちを受けながらもどこへも訴える手段のない人びとの不幸な目だけは忍びない。天を仰ぎ、地を這う彼らの目が、私たちの良心を突き刺すからだ。酷使の果てに、罪もないのに屠畜場に引かれていく牛の絶望的な悲しい目を見よ。しかし、牛肉なしの食事を喜ばない人びとは、牛たちの目が訴えている命の絶叫を読み取れないのだ。私だけ美味しく食べて幸せならば、あとはどうでもいいのだから。

サン＝テグジュペリの『人間の土地』は、飛行機の事故で遭難したひとりの操縦士の物語だが、彼は零下四十度の寒さの中を食糧なしで何日も歩きつづけた末に倒れ、生死の境を彷徨う。そのときふと妻の顔や同僚たちの顔が浮かんだ。ラジオの前で彼の安否を気遣っている彼らの目が思い浮かぶと、自分の身はもはや救助の対象ではなくなり、彼の生還を待ち望んでいる妻や同僚たちの目を救わねばならない、と思うようになった。彼らの悲しみと喜びは彼にかかっているのだ。こうして彼はついに彼らのもとへ生還する。妻や友人たちの澄んだ目が彼を救ったのだ。

澄んだ、善良で静かな、それに少し寂しげに見える目が、私たちのそばにあるのはひとつの救いになるであろう。

十余年前に山道で偶然出会った修道女の目をけっして忘れることができない。彼女の目差しを見た瞬間、私の中に戦慄のようなものが走った。

それは、はるかな前世から受け継がれてきた沈黙の目であった。その目は、現代女性の落ち着きのない目ではなく、自分を抑制した、澄んで静かな修行者の目であった。真の修行者の目は内に開かれている。内面の道を通して、事物と現象を超えたものまでも見通すことができるのだ。

あの修道女の目差しが、ときとして私を浄化してくれる。永遠の女性が私たちを向上させてくれるというのは、けっして嘘ではないようだ。

今日一日の私の生活

十日余り旅をしていて、毎日他人の作った食事を頂いていたので、自炊が今更のように億劫だ。習慣というのは怖いもので、他人に助けてもらうのが習慣になると、自分の能力は出し惜しんで人に頼ろうとする。独りで生活する人間はこの惰性に取り込まれてはならない。惰性に流されると、自主的な能力を失って怠惰の泥沼にはまってしまう。

私たちが生きるとはどういうことか。具体的に言えば、私たちの生活の内容とは、見て、聞いて、食べ、話し、考え、行動することである。したがって、何を見、何を聞き、何を食べ、どうのように話し、何を考え、どのような行動をするかが、その人の現実の存在なのである。それでは、私自身はどのような暮らしをしているのか、振り返ってみよう。

外の気温が下がったのか、部屋の中が寒くなった。そのせいかいつもより三十分遅く起きた。夜中に目が覚めたので、ホ・ギュン（一五六九―一六一八、社会の矛盾を批判した『洪吉童伝《ホンギルトンジョン》』の著者）の『閑情論《ハンジョンノン》―隠れて生きる喜び』を再読した。古人の残したものからは学ぶべきことがとても多く、どのように生きるのが人間らしい生き方であるかを学ぶことができる。そしてこの本を読むたびに、生活には風流がなければならないと考えるようになる。

朝の礼拝を終えるとコップ二杯の水を飲むことにしている。空腹に飲む水は喉を潤すだけでなく、精神もきれいに洗ってくれる。いつだったか、和尚さんの健康の秘訣は？と聞かれたとき、水をたくさん飲み、よく歩くことだと答えたことがあった。私たちはともすると生きている水を遠ざけ、沸かして死んだ水を飲むことが多い。コーヒーをはじめとする各種の飲料は、生きた水ではないので、健康のためには勧められない。喉が渇いたときにはとにかく水を飲むようにしている。

地に依存して生きている人間は、自分の足で歩かずに自動車にばかり乗っていると、健康を維持できない。自分の足で歩くということは、地に依って地の精気を受け容れることである。さらに歩くことによって、大地に根を下ろした健全な思考が可能になる。この地をないがしろにしては、まともな生き方はできないのだ。

私は今この文を書きながら、秋風になびいている色づいた木の葉を眺めている。今残っている木の葉もやがて枝を離れていくことだろう。その枯枝には、再び冬の旅人である雪が訪れることだろう。

今日聞いた音はと言えば、食卓で聞いたバッハの「ファンタジーとフーガ」だ。何日か前にチューリッヒに立ち寄った際、聖母聖堂でシャガールの最後の作品であるステンドグラスを見た。このとき、幸運にも聖堂の隅でパイプオルガンの調律をしていた。調律を終えると調律師は試しに一曲演奏したのだが、パイプオルガンの荘厳な音が私の心に積もった埃をきれいに吹き払ってくれた。そのとき聖堂で買ったCDを今朝聞いたのだった。乾電池で動く小さなプレーヤーなので、聖堂のあの荘厳な響きには比べようもないが、その旋律が私の弛んだ感性の糸をきりりと引き締めてくれた。自動車で退屈な長い道のりを走るときなどは、ヤニ（ギリシア出身のニューエイジ・ミュージシャン）の躍動的でかつ甘美な旋律が疲れを癒してくれる。

今日は何を食べたろうか。朝はたいてい、ひと切れのパンと一杯の茶だが、バナナとかヨーグルトがあるときは一個ずつ添える。昼食と夕食用に米と雑穀を水に浸けておく。外出して帰りが遅いときには、簡単で便利な「白飯」（即席飯の商標）の世話になる。

独りで暮らす人間は概して食べることに執着しない。現代人は飢えている人びとが隣にいるにもかかわらず、たくさん食べ過ぎて病気になる。食べ残しのゴミが増えるのもこの過食のなせる業である。私の経験では、健康はけっして食べ物だけで維持されるのではなく、きれいな空気と水、それに身心の調和のとれた生活習慣が前提になければならない。一生の間自分のために働いてくれる消化器をあまり酷使せずに、休息の機会も与えることだ。それに、空腹でひもじいとき、精神は最も透明で安らかなのだ。

言葉は聞いてくれる相手が必要だ。口を閉ざした沈黙を通して、言葉の意味が喉もとに込み上げてくる。私たちが本当に発しなければならない言葉は簡単明瞭なものだ。それ以外は習慣的な騒音以外の何ものでもない。

山に住む人は、木や鳥、岩とか昆虫、あるいは雲や風に独り言を呟くことがよくある。しかしその言葉は、一陣の風が木の枝を吹き過ぎるように無心だ。このような無心の声にはその人の生活の香しさが漂っているように思われる。

さらに今朝、私はどんな行動をしたろうか。朝の気温が零下二度に下がり、部屋の中が冷えてきたので薪を一束くべ、裏手の薪置き場の樋に積もった落ち葉を取り除いた。雪が降って凍りつくと水が流れなくなるからだ。

結局は自分がやらねばならない仕事なら、気がつくたびに片づけることだ。引き延ばすことが重なると、すべてを順送りすることが習慣になってしまう。この次が果たしてあるのだろうか。そのときそこに私がせねばならない仕事があってこそ、私はそこにそのように存在するのだ。誰かが私の代わりにその仕事を片づけてくれると、私の生活はその分だけ減ってしまうのだ。庭で舞っている落ち葉は風が適当に片づけてくれるだろう。

今日、私はこのように見、聞き、話し、考え、行動した。これが取りも直さず現在の私の実存である。そしてこれらのことが私を形成し私の業《ごう》となる。君は今日何を見、どんな声を聞き、何を食べたか。そして何を話し、どう考え、行なったことは何か。これがすなわち現在の君だ。そして君が積んだ業なのだ。このように瞬間瞬間君自身が君を創るということを肝に銘じ給え。

手帳をめくりながら

毎年年末になると、新年の手帳を買ってくる。手帳の後ろについている住所録に、知り合いとか関係先の名前や住所や電話番号などを書き写す。ところが最近この作業が面倒になり、つい先延ばしにして、一月の中旬とか下旬になってようやく一大決心をして整理する始末だ。

よりシンプルに生きたいと願っているので、できるだけ厳選してその数を毎年減らしているが、抹消する作業だけは年末年初を待つまでもなく、思いつくたびに線を引いて消している。意識が散漫になるのを防ぐために、持ち物を整理整頓するように、惰性になってしまったものを消しているのだ。

去年の手帳をめくると十二か所が消え、今年はなんと二十三か所も消えている。削除されたもののほうが残っているものよりもはるかに多くなった。もちろん、最初は空欄だった所に書き加えたものもあるけれども、数はごく少ない。

複雑な世間の暮らしに比べると、山での生活はとても単純素朴だ。したがって手帳に書かれていることも、他人が見たらあまりにも退屈な内容で埋められていよう。仮に誰かが道で私の手帳を拾ったら、微笑を浮かべてすぐに返したくなるだろう。他人には退屈かもしれないが、私にとってその記録は、退屈ではあってもどうでもよいものではない。

どんなことが主に記録されているのか、何か所か紹介しよう。

膨らみはじめていた梅の蕾が、昨晩荒れ狂った雪混じりの風でだいぶ落ちてしまった。かわいそうだ。（二月二十二日）

石垣の下で水仙が見事に咲いた。（四月七日）

宝城《ボソン》（全羅南道）の茶畑に行ってきた。新茶の新鮮な香り。ボタンが咲きはじめた。（四月三十日）

イカルの鳴き声！（シジュウカラも先週来たっけ）透明な五月の日差し、玲瓏《れいろう》たる朝露。（五月七日）

五月八日にはコウライウグイスの初音を聞き、二日後にはカッコウも来たと書いている。

いつ梅雨が明け、何日の日没時に虹がかかり、キムチはいつ漬け、どこの市場でどんな道具を買い、どんな本を読み、誰に手紙を書いたか、どこで講演したか、誰それが訪ねてきて、寝そべって星を眺め……、こんな調子だ。

山に来てから毎年書きつづけた手帳が、いつの間にか三十冊になったが、ここへ来る前に手帳は再出発を期してすべて焼いてしまった。

焼却してしまうことは、そのときどきの生活を整理整頓する上で不可欠だ。さもないと、過去のみすぼらしい残滓《ざんし》に絡まれて、現在の生活が晴れ晴れとしないのだ。歴史学者ならともかく、こんな記録を残して何の益があろう。いつかはこの身も焼かれてしまうのだ。


年末になると年中行事のように竈《かまど》の前に座り、手紙も写真も燃やし、必要のない記録も火の中に投げ入れる。特に私たちのように単純素朴に暮らそうとする人間は、生きること自体に重きを置くので、記録という時間的・空間的な道具は必要としない。燃やしてしまうと、ちょうど剃髪して風呂に入った後のような清々しい気持ちになり、新しい人生を始めたいという意欲が湧いてくる。

『金剛経』にこんな一節がある。

「過去心不可得　現在心不可得　未来心不可得（過去の心を得ることもできず、現在の心も得ることはできず、未来の心も得ることはできない）」

得ることのできないこの心は、どこへ繋いでおけばいいのか。得ることのできない心なら、空っぽにしなければならない。空っぽの空間だからこそ木霊《こだま》が響き、何ものにも執着しない空っぽの心に、ヒラヒラと舞うことのできる自由の霊が宿るのだ。
鏡に物が映るのは鏡自体が空だからだ。鏡の中にもし何かが入っていれば、鏡は何も映すことはできない。もはや鏡ではありえないのだ。

良き友とは、互いが無心で相対することのできる関係にあることだ。互いの無心に、現在の自分を映して見ることのできる間柄である。相手に何らかの先入観をもっていると、友にはなれない。

相手の無心から木霊が聞こえてきたら、本音を吐露してもいいだろう。それまでは友になりたいだけで、真の友ではない。

カリール・ジブラン（レバノンの詩人、一八八三—一九三一）は『預言者』の中で次のように語っている。

「友との付き合いでは、精神を深めること以外を念頭に置いてはいけない」

人間同士が互いに精神を深めるのは、真に望ましいことだ。精神を深め合う過程で互いに力になり光になることによって、無限に昇華できる。形式論理では一足す一は二にしかならないが、精神を深める創造的な友情においては十にも百にもなりうるのである。

精神を深めるには、何よりも礼儀と信頼が根底になければならない。この基礎の上に互いの創造的な努力を積み重ねなければ、凡俗な付き合いか一時の知り合いに終ってしまう。

この夏休みに、親しくしている家の娘さんが婿さん候補の青年を連れて訪ねてきた。ところがその青年が、少し暑いからとパジャマに着替えたのには唖然としてしまった。私たち僧は人間扱いされないから失礼には当たらないのかもしれないが、結婚もしないうちから下着姿で対座するとは、だらしなく無礼千万であった。たとえ結婚していたとしても同じだ。初対面だったので直接当人には言わなかったが、人を介して「パジャマ」の婿さん候補に、親しい間であるほど礼儀を守らねばならない、と苦言を呈した。

私たちが友を求めるのは、それぞれの足りない部分を補正するためであって、時間をもてあましているからではない。人と人の間で礼儀と信頼と創造的な努力がなければ、互いに得るものは何もない。したがって相互に絶えず努力を重ねて、その関係が日々新たになれば、互いに良い友になれるのだ。

「愛し合うようになっても、愛に囚われてはいけない。ちょうど、琴がひとつの曲を奏でるとき、一本一本の弦は離れているように」

これもジブランの言葉だ。

来年の手帳を買ってはきたが、住所録はまだ写していない。こんどは一層厳格に選別して生活の行動半径を狭めたい。

五十余年前、内蔵山《ネジャンサン》（全羅北道・井邑市）で亡くなられた鶴鳴《ハンミョン》和尚（一八六七―一九二九）は、元旦に次のように詠んだ。

旧年とか新年とか分けてはいけない
冬が去り春が来たから歳が改まったようだが
見よ、あの空が変わったか
我らは愚かなので夢の中に生きる
ともあれ、歳が改まると誰もが新たな生活を夢見ることができるから良い。

直立歩行

今日は用事があって外出し、世間の風に当たってきた。山から一番近い都市と言えば、百三十里（五十二キロ）離れた光洲市だ。いつものように、世の中は騒がしく埃を巻き上げて、忙しく動いていた。郵便局で用事を済ませたが、ついでに市場に立ち寄り、おかずの材料とか雪の中で履く防寒靴を買った。それから化粧品店に寄り、手のひび割れに塗る薬を買った。帰りの直行バスには時間の関係で乗れなかったので、行き先の違うバスに乗って途中で降り、三十里（十二キロ）の道を歩いて来た。

収穫の終わった初冬の田舎道を大手を振って歩くと、車中ではぼんやりしていた頭も爽やかに晴れ上がった。歩くのはなんと自由で主体的な動作なのだろう。明るい日差しを全身に浴び、爽快な空気を思いきり吸い込んで、すたすたと羽ばたくように歩くのは、なんと愉快なことだろう。歩くというのは、何ものにも頼らずに私の力だけで移動することだ。

興が湧けば口笛も吹き、美しい風景に出会えば止まって目の保養をすることもできる。同行者がいなくても構わない。反《そ》りの合わない同行者はむしろ邪魔になるから。多少心細くても、それは旅人につきまとう体重のようなものだ。独りで歩くと考えに没頭できるのがいい。来し方を振り返り、行く末に思いを馳せるのだ。

人間が考えはじめたのは、恐らく歩くようになってからではないだろうか。同じ所にとどまって考えると、堂々巡りや妄想に囚われるけれども、歩きながら考えると難問がすらすらと解け、問題の核心へと深まることができる。カントやベートーベンの例を引くまでもなく、偉大な哲人とか芸術家が好んで散策したのも、歩くことによって創造力が喚起されたからであったろう。

しかし、いつの間にか私たちは歩くことを忘れかけている。あの堂々とした直立歩行、人間だけが享受できるというこの立派な姿勢を、自動車という交通手段によって少しずつ奪われてしまった。それにつれて思考の自由も徐々に奪われはじめた。混雑した車の中では緊張が解けないので、考えをまとめることもできない。顔のない群衆にもみくちゃにされて漂うしかないのだ。

さらに、運転手と車掌が共謀して流しつづける騒音装置によって、私たちの頭は空っぽになる。車が排出する煤煙の害について言えば愚痴になるのでやめるが、便利な交通手段とはこのようなものなのだろうか。便利なだけ貴重な何かを失っていく。

三十里の道を歩きながら、この広い天地に私のこの身ひとつの置き場を求めて歩いているのだと思うと、鳥や獣、昆虫たちの帰巣の道行きを妨げてはいけないのだと思い至った。彼らもそれぞれ拠るべき場所を求めて一生懸命に歩んでいるのだから。

今日バスの便がなくて歩いたことは、ありがたく幸せであったと思う。自分の足を踏みしめて久々に直立歩行することができたのだ。

かつて読んだある詩の一節を思い出した。

「現代人は自動車を見てひと目で惚れて結婚した。そして二度と牧歌的な世界に戻れなくなった」

あなたが傍にいても

朝方は霧がもやもやと竹藪の上に湧き上がっていたが、午後には雨がしとしとと降り出した。久しぶりに林に降る雨の音を聞いていると、私の心もしっとりと濡れるようだ。どの枝からか青蛙たちがケロケロと騒がしい鳴き声を上げている。

オンドルの焚き口に火をくべてからコーヒーを飲んだ。秋雨の降る音を聞きながら飲むコーヒーの味はまた格別だ。

今日、ソウルの佛日書店から届いた詩集を開き、ぼそぼそと声を出して読んだ。

水の中には
水だけがあるのではない
空には
その空だけがあるのではない

そして私の中には
私だけがいるのではない
私の中にいる方よ
私の中で私を揺り動かす方よ
水のように空のように私の深奥を流れ
密やかな私の夢と出会う方よ
あなたが傍にいても
私はあなたが恋しい

最近刊行されたリュー・シファの詩集『あなたが傍にいても私はあなたが恋しい』の中の詩である。詩には解説は要らない。誰でも自分の声でぼそぼそと読みながら感じればいい。詩は目で読んだのではその感興をありのままには感受できない。声を出して読んでこそ韻律とともに詩の本当の意味を鑑賞できるのだ。

詩人が詠っているように、水の中には水だけがあるのではない。淀んだ水であれ、流れる水であれ、その水の中には多くのものが混じっている。何もない空にも鳥が飛び、太陽や月が昇り、星が瞬《またた》く。風が吹き、雲が流れ、雨や露を含んでいる。

同じように、私の中にも私だけがいるのではない。目には見えず手では摑めないとしても、無数の因縁の糸が絡まり合っている。ある糸は私の生活を豊かに純粋に満たしてくれるかと思えば、またある糸は私の生活を暗くし、いや気を起こさせ、ときには憤らせる。

私の中で私を主宰するのは誰だろう。また私を統《す》べ、私を激しく揺さぶるのは果たして誰なのか？

人によって、それは神であったり、仏性とか菩提心であることもあろう。禅の修行者なら、それは彼が絶え間なく追求しなければならない話頭（公案）であろう。あるいは盲目的な熱情に陶酔している人なら、寝ても覚めても心から離れない愛する恋人でもあろう。

だから、それらは水のように、空のように、私の深奥を流れ、密やかな私の夢と一つになる。「あなたが傍にいてもあなたが恋しい」ほどの恋しい存在を胸に抱いてひたむきに生きる人は、生きる意味を掘り起こしながら花のように美しい生を享受できるだろう。

あなたが傍にいてもひたすら恋しいあなたを、君は胸に抱いているか？

そのような「あなた」を胸に抱いている人は、人生に祝福を受けている。

そしてそのような「あなた」をもてない心の人たちは、このような詩を繰り返し読みながら、日々の生活の中で生の神秘を自ら探すことだ。

人びとが部屋の中に集い、星について討論しているとき

私は外に出て
草の葉をそよがせながら通り過ぎる一匹の虫を観た
黒い虫の目に星たちが映っていた
それを人びとに見せたくて
私は虫を部屋の中に連れていった
しかしいつの間にか星たちは消えて
虫の目には部屋の電灯だけが映っていた
私は虫を再び草むらに放してやった
星たちが一斉に虫の体の中で輝き出した

同じ詩集の中の「虫の星」という詩である。

素晴らしい詩だ。

これは単純な詩ではなく、多くのことを象徴している。澄んだ目をもつ思慮深い人なら、誰でも日々の生活の中で経験できる生の神秘である。真理と実相がどこにあるかという秘密を、詩人の日常的な経験を通して垣間見させてくれる。

私たちはここかしこで多くの人びとの教えを聞く。宗教とは云々、悟りとは云々、禅の世界は云々、と叫ぶ声が定期的な集会ごとに喧しい。

しかし、じっくり耳を傾けて聞くと、なんと無味乾燥、空虚、観念的な内容であることか。語り手の貧しさが透けて見える。自分は悟ったと自己宣伝する人にかぎって、悟入の行ないを見せた例《ためし》があろうか？

花に蜜があれば、声高に呼ばなくても虫たちは自然に集まる。

自分自身を騙し、他人を騙し、世の中を騙し、仏様と祖師を騙す行為を、仏教僧団の戒律では大妄語、つまり真っ赤な嘘と言って、僧団追放に値する罪とされる。本当に生きるとはどういうことかも理解できない人間が、どうして悟りの境地に到達できよう。

部屋の中に集まり星の話を毎晩したところで、星が見えるわけではない。自ら外に出て自分の目で直接夜空に宝石のように輝く星と相対してこそ、宇宙の神秘を実感できるのだ。

良い詩を読むと、血液が澄み、生活に張りが出てくるようだ。詩は日々の糧のうちでも最も端正で香しい糧であろう。

「あなたが傍にいても私はあなたが恋しい」

この秋、私たちもあなたに対する恋しさに胸を焦がそうではないか。

懐かしい二人の顔

夏の間、ほとんどの時間を板の間で過ごした。夜寝るとき以外は部屋を使うことはなかった。部屋は天井が低く四方が壁に囲まれているので、夏は息がつまりそうだ。

独りで暮らす庵だから他人の視線もなく、正装する必要もない。ゆったりした下着姿に裸足で過ごすのだから身心ともに自然そのままであった。

もともと人間は、この世に生まれたときから何も身につけていなかった。人間同士が集まって暮らすようになってから他人の目を意識するようになり、必要以上に重ね着するようになったのだ。

山を下りるとき、靴下を履いて正装すると、たちまち息苦しくなる。全身の皮膚が酸欠だと叫ぶ。庵に帰りつくや否や、着ているものを脱ぎ捨てると生き返ったような気分になる。文明と自然の正体を身心が共に実感する。

私は未だにひとつの夢をもっている。いつか、山紫水明の地に家を建てたい。人が暮らせる最小限の空間があれば良い。土と木と石、それに紙だけを材料にしたい。土のブロックで土壁の家を築いて、部屋ひとつと板の間ひとつ、それに台所があれば申し分ない。屋根は茅か藁、あるいは竹で葺《ふ》けば良い。厠は少し離れた場所にやはり土で築きたい。

部屋はオンドルにして伝統的な厚い油紙を敷き、壁は知仙庵で楮《こうぞ》だけから作るヨンダム韓紙を貼ろう。板の間には大きな明かり取り窓をつけて、風や月光が自由に出入りできるようにせねば。土壁の家とは言え、天井は高くしなければならない。そうすれば室内の空気もきれいに保つことができる。部屋にももちろん大きな窓をつけて明るくしよう。明るい窓の下には小ぶりな文机を置き、文房四友（紙、筆、墨、硯）と何冊かの本、それに座布団が一枚あれば良い。壁には何も掛けず飾らず、白無地のままで、無限の精神空間に擬《なぞら》えよう。

板の間は、できれば厚い板を組み合わせて、部屋の品格を高めよう。板の間の隅には籐椅子を置いて、閑なときなどに本を読んだり、松籟《しょうらい》に聞き入ったりしよう。

台所はオンドルの焚き口に薪がくべられるようにし、竈《かまど》には小ぶりの鋳鉄製の釜をかけて煮炊きをする。一方を仕切って簡単な厨房道具を置こう。流しに竹の樋で渓流の水を引けば、風雨の日も体は濡れずにすむ。

これが私の夢だ。このような夢が今生で実現するか、あるいは来世でかは分からない。またこの夢が希望だけに終わるとしても、今私はこの夢で胸が膨らみ活き活きしている。

仏日庵で暮らしていた頃から、清潔で広い板の間がほしかったのだが、昆池岩《コンジアム》（京畿道・広州市）の宝元窯《ボウオンヨ》の広い板の間を見て、わが国の住居空間の中で板の間の果たす役割の大きさにあらためて気づかされた。この板の間で二か月に一度会合を開いている。会衆は主にパリ吉祥寺後援会の会員たちだが、会費名目で金だけ取るのが憚られたので、お経を教材に講義をしているのだ。

この板の間の周りにはこの家の主人、キム・ギチョルさんが焼いた白磁の甕《かめ》や蓮の葉をテーマにした器が飾られて、清潔な板の間の雰囲気を一層引き立てている。人間の手が作り出した器が、私たち人間よりもはるかに清らかで堂々としているのを見ると、忸怩《じくじ》たるものがある。わが国固有の文物・自然を大切に守ろうとしている人びとの間で最近読まれている随想集『花は土に咲く』（MBCのアナウンサー、キム・ソンジュ著）の産室が、ほかでもないこの板の間であったことを知らせておきたい。

庵の周りには去年と同じようなオミナエシが咲いている。山風にゆらゆら揺れるオミナエシは、秋の気配を漂わせる。花が咲く前はアワとかキビによく似ているが、花が咲くと夜空にかかる銀河のような雰囲気を醸し出す。花の形が気になって拡大鏡で見ると、小さな花のひとつひとつがそのままひとつの宇宙のように思われる。花も小さい方がより美しく愛らしい。

この庵で暮らしながら、ふと二人の和尚の顔を思い出すことがある。二十年近く曹渓山《チョゲサン》（全羅南道・順天市、曹渓宗の総本山・松廣寺がある）で過ごした間、私は数えきれないくらい多くの僧侶たちと接触した。何かを悟ったと自称する高僧から見習い僧に至るまで、さまざまな僧侶たちと山中で過ごしたが、記憶に残るほとんどが抽象的な群集の顔だ。ところが、その多くの顔の中でただ二つの顔だけは私の記憶に鮮明に刻まれている。おそらく彼らの暮らしぶりがひときわ印象深かったからであろう。

ひとりはヘダム和尚で、今は五十歳の坂を越えているであろう。松廣寺禅院で十年近く修行されたが、肉体の年齢とは関係なく純粋で勤勉であった。優れた美意識の持ち主で探究心も旺盛であった。一年じゅう継ぎはぎだらけのボロをまとい、精進時間が過ぎると庭に出て独り雑草をとり、鎌で草を刈るのを楽しんでいた。彼は草の香りに魅せられて、私のいる仏日庵まで登って来て、生い茂った草を刈ってくれたりした。

拡大鏡をボロ着のポケットに入れて持ち歩き、ありふれた草花から美しさを掘り出すこともした。彼は裸足で土の上を歩くのが好きで、作業のときはいつも裸足であった。進んで独り黙々と作業をする彼の手は、節くれだって荒れていた。トルストイの小説に登場する「馬鹿のイワン」の手も彼の手のように無骨であったろう。また彼は、明け染める黎明が好きで、早朝の坐禅でも明かりを点けなかった。暗闇の中に坐って、刻一刻仄かに明るむ黎明を見つめることが夜明けの勤行であった。

彼は何も持っていなかった。文字通りの徹底した無所有の修行者だった。身にまとったボロ一着と背嚢だけであった。一時はラジニーシ（インドのグル）に熱中したが、本を持つことはなかった。現在はどこで何をしているだろう。また、どんなことに命を燃焼させているのだろう。庭や畑で草取りをしているときなどに、ふとヘダム和尚を思い出す。僧伽の序列では彼は後輩だが、良き道友として私の心の中に生きている。

もうひとつの顔はファンソン和尚だ。今まで出会った数多くの修行者の中で最も清らかな和尚だ。今は四十歳台になったであろう。松廣寺にいる間に観音殿で千日祈禱を二回完遂した和尚だ。経験すれば分かることだが、長期にわたる祈禱をすると途中でほとんど惰性になり、形だけの祈禱に終わりがちだが、ファンソン和尚は千日の間集中力を維持した。そして祈禱中は、山門の外へは一歩も出なかった。ときどき休息時間に仏日庵に登ってきて、茶を飲んで帰るだけであった。ファンソン和尚は花が好きで、老いた和尚たちの住む道成堂の殺風景な庭に次々に花を植えて、絶やすことがなかった。空っぽの彼の部屋は、真ん中に座布団が一枚、敷居に小さな置き時計、花瓶に一本の花を活けるか水盤に花弁が浮かべてあった。

彼も探究心が旺盛で、祈禱の合間に多くの本を読んだ。黒色が好きで、ゴム靴から茶碗、茶托、盆に至るまで、さらには下着も墨で着色する有り様であった。茶托などの日用品を手ずから作って使い、人にも贈った。彼の作ったものは角が鋭利だったので、私は角を丸めて使った。

彼によれば、鋭利にすると緊張感があって良いそうだ。

彼は曹渓山を去る日の早朝、彼の部屋の前にあった陶器の水盤と台をチゲ（木製の背負子）に乗せて仏日庵に登ってきた。ホウノキの下に置いてある陶器がそれだ。

今頃どこでどのように過ごしているのか、ふと気にかかる。どこかの山の中にでも住んでいるのだろうか。二人とも訪ねていきたい道友だ。

心底やりたい仕事をやり給え

私は僧でなければ大工になっていたかもしれないと思うことがある。ふだん使うものを大工道具でトントン作っていると、雑念は消え、ひたすら楽しい。しだいに形が整っていく過程もまた楽しいものだ。

数日前も竈《かまど》の灰を搔き出す灰搔きを作った。今まで使っていたものが壊れたので新調したのだ。鋸《のこ》で板を挽き、薪束の中から柄になりそうな薪を探して滑らかに削り、釘づけしてでき上がった。試しに竈の灰を搔き出したところ、オンドルの煙道が見えるほどきれいになった。竈の中に邪魔物が残っていると火の回りも悪い。

灰搔きのようなものは市場では売ってもいないが、たとえ金を出して買ったとしても、自分で作ったときのような楽しさを味わうことはできないであろう。

仏日庵に住むようになって最初に作った椅子は二十余年経つけれども、未だに使っている。薪束の中から手頃なブナの丸太を選び出し、板切れを繫ぎ合わせて作ったものだ。使っているうちに釘が弛んだので打ち直した以外は当時のままだ。そのとき食卓も一緒に作ったのだが、庵主が何回か代わるうちに消えてしまった。

山の中では使える材木が限られているので、あり合わせの材木を有効に使わざるをえない。本寺の物置に転がっていた栗の板を拾ってきて、鉋《かんな》と鋸で作った小ぶりの机は未だに庵の居間で大事に使われている。

僧の生業《なりわい》と大工仕事を簡単に比較することはできないが、物を作る過程で見せる純粋さと無心さに関するかぎり、大工仕事のほうが勝っていよう。人間同士の付き合いの中で営まれる僧の生業には、口さがなく欠点も多い「衆生の遊び」が入り込むからだ。

人は心底やりたい仕事をしながら生きるべきだ。仕事を通して潜在する力を発揮し、生きる喜びを享受することだ。

世の中にはさまざまな職種があるが、その仕事が好きで従事している人はどれだけいるだろうか。多くは好きでも望んでもいなかった職業であろう。収入と生活の安定のためにやむを得ずに選ぶ例がほとんどであろう。それゆえ仕事への愛着も責任も感じないのだ。

こうなると仕事に気乗りのしない不誠実な職業人になるほかはない。仕事に興味がなければ仕事と人とは一つになることはできない。仕事に興味をもち、責任を自覚して初めて、人は仕事を通して人間になるのだ。

よそ見をしないでひとつの仕事だけに専念する匠《たくみ》たちは、その仕事に全生涯を賭けている。

彼らは報酬には目もくれず、仕事そのものを通して生きる意味と喜びを瞬間瞬間紡いでいるのだ。

職場では五十五歳か六十歳になると定年を迎えるが、このときその人に何が残っているだろう。

職場には定年があるけれども、人生に定年はない。興味と責任感をもって活動しているかぎり、その人はまだ現役なのだ。人生に定年があるとすれば、探究し創造しようとする努力がやんだときである。それは死にほかならない。

他律的に管理された生活に慣れると、自律的に自分の人生を改善し深化する能力自体が失われる。自分の仕事に興味と意味を感じなければ、日々磨り減っていく機械と選ぶところはない。自分の仕事に人生のすべてを賭けて、忍耐と熱意と真心を尽くす人だけが、仕事の喜びを享受できるのだ。

ひとつの逸話を紹介しよう。むかし、ある荘園の領主が散策の途中、雇っている若い庭師が汗をかきながら一心に働いているのを見た。歩みを止めて見ると、庭園は隅々まできれいに手入れされていた。その上、その若い庭師は木のプランターのひとつひとつに花を彫刻することに熱中していた。この光景を目撃した領主は若い庭師に尋ねた。

「お前がプランターに花を彫刻しても、手当てが増えるわけでもないのに、どうしてそれほど熱中するのか」

若い庭師は額の汗を袖で拭きながら答えた。

「私はこの庭園がとても好きです。仕事を終えて時間が余ると、庭園をもっと美しくするためにプランターに花を刻んでいるのです。私はこのような仕事が何よりも好きなのです」

これを聞いた領主は若い庭師にすっかり感心するとともに、才能も秘めていると見抜いて、彫刻の修行をさせた。何年間かの修行を積んだ青年は、ついに才能を大きく開花させた。この若い庭師こそ、後にイタリア・ルネサンス期最大の彫刻家・建築家・画家となるミケランジェロその人である。

彼は自分の仕事に熱意と喜びをもって、手間賃などは度外視して、美しさを追及した。彼は木のプランターに花を美しく刻むことを通して、自身の人生を美しく花咲かせることができたのだ。

五分や十分我慢して続ければ完了する仕事を、時間がきたからと道具を片づけて帰る薄情で小賢しい作業員たちから見れば、この若い庭師は世間知らずの馬鹿に見えるだろう。しかし、自分の仕事に愛着と責任感をもって、進んで汗を流すこのような人こそ、私たちの社会には望ましく貴重な存在だ。

君が心底やりたい仕事をやり給え

心底やりたい仕事をやり給え

その仕事に全身全霊で打ち込み給え
そして君の人生を思いきり花咲かせ給え

林中閑談

朝から霧雨が降っている。竹が頭を垂れ、昨夜咲いたツキミソウもじっとり濡れている。このような日には、気の強いコムクドリも鳴声を立てず、コウライウグイスやイカル、カッコウ、ヤマカササギ、アカショウビン、ウグイスも姿を見せない。

昨夕、空模様が怪しくなったので、薪と焚きつけの小枝を少し取り込んだせいか、体がだるい。今日は本寺では剃髪・入浴の日なので、下りていってお湯に入りたいが、帰りの坂道で着物を露で濡らし、汗をかくことを思うと気が進まない。釜で湯を沸かして井戸端の浴室で体を洗おう。

林の中で暮らすと天候の影響をもろに受ける。眩しく晴れた日は気分も爽快で生きていることと自体が楽しいが、雨が降ったり風の強い日には身心ともに重く調子も良くない。林の中で共に暮らす鳥や獣も同じだ。感情のある有情同士だから、人間も獣もたいして違わない。

ときには互いに親しくなっても、しばらく離れているとすっかり忘れてしまい、ぷっつり関係が途絶える。目から去る物は心からも疎くなるのが習いなのだから。

数日前にこんなことがあった。朝六時になると決まって台所に下りて朝食を作って食べるのだが、その日はやりかけた翻訳を一区切りつけてから下りようとして遅くなった。六時半頃、誰かが雨戸を叩いたので、板の間に出て戸を開けたところ、リスがスルスルと雨戸から滑り下りて走り去った。

毎朝同じ時間に雨戸を開けるのに、その朝は少し遅れたので、林の家族の一員であるリスが訝《いぶか》って雨戸を叩いたのだ。そのリスは倉庫にしまっておいた飯に混ぜる豆を屋根の下の換気穴から出入りして齧《かじ》っていったのだが、その返礼に戸を叩いたのだろうか。こんなに賢く可愛いリスを、韓国では外貨獲得に目が眩んで皮を剝いで売ったことがあった。

前日無理して仕事をしすぎると、寝過ごして早朝の礼拝時間に遅れることがある。そのようなとき、枕元で「和尚!」と呼ぶ声がして飛び起きることがある。目には見えないが声ははっきり聞こえる。おそらくそれは、誰の背後にもいる「守護天使」の声であろう。

つねに影のように従っている自我の分身のような存在。しかし、生活が無秩序だったり、鈍くなったりすると、このような声を聞くことはできない。精神が澄んでいて心が透明でなければ、自分の分身の声を聞くことはできないのだ。

ときどき雄のキジが羽ばたきをしながら大きな声で鳴くことがある。また誰かが登ってきたのかと外に出ると、案の定人が登ってきている。雄のキジが登場したついでにキジの話をしよう。

冬になると林の中の餌が少なくなるのか、キジの群が庭先を歩き回る。最初のうちは餌（主に豆）を撒いてやっても遠くで見ているだけだったが、私がいなくなると啄《ついば》む。人間を信じてはいない様子だった。

撒き餌で慣らすうちに雌のキジは足元まできて安心して餌を啄むが、雄のキジは依然として遠くから見ているだけだ。何日か家を空けて帰ってくると、雌のキジたちは私の姿を見て集まってくる。私も嬉しくなって、何をさしおいてもキジたちに餌を撒いてやる。

このキジたちが何日も姿を見せないと、とても心配になる。タカにさらわれたのではないか、獣に喰われたのではないか、と。しばらく雄も雌も姿を見せなかったのだが、数日前竹林で一羽の雛を五、六羽のキジが囲んで歩いているのを目撃した。卵を孵《かえ》すために姿を見せなかったのだ。夏の間は林の中には餌が豊富なので、庭にめったに現れない。ときどき雄の鳴き声が聞こえるだけだ。林の中でも人間の都会と同様、非情な弱肉強食が繰り広げられる。そのたびに鳥たちのせわしげな鳴き声がする。

ある日の夕暮れどき、野菜畑で草取りをしていると、井戸端の木の上で鳥たちがせわしなく鳴き声を上げていた。草刈り鎌を持ったまま近づくと、タカが一羽、雛鳥をさらおうと狙っているところだった。

「コラー」と大声で牽制すると、タカは飛び去り、リスが枝から下りてきた。キジに危険が迫ったのを見て、金切り声を上げてタカを威嚇していたのだろう。リスが尻尾を上げて叫ぶときは金切り声になる。

霧雨がいつの間にか大粒の雨に変わった。霧ははるか下の谷間に立ち込めている。この雨の中でも泰山木《たいさんぼく》が新しい花を一輪咲かせた。木に咲く花の中では、この泰山木の花が最も清らかで気品があり、香りも良いように思われる。花弁が傘のように花蕊の上に差し掛けられているのを見るたびに、生命の神秘に粛然となる。一度咲くとなったら、雨が降ろうが風が吹こうが咲かずにはすまない花の生態は、怠け癖のある人間には頂門の一針となろう。

別棟台所の戸の上にスズメバチが巣作りに励んでいる。朝見ると、すでに小さなカボチャほどの大きさになっている。一週間ほど前に巣を作りはじめたのを見つけて、大きくなる前に取り払わねばと考えていたのだ。

一昨年、私はあのスズメバチに何度も刺されたし、ここを訪れた何人もの人が刺された。他人の家に寄生しながら家主の見分けもできずに刺す、その所業が我慢ならないので巣を取り払ったのだった。家を失ったハチたちは何日もの間辺りを飛び回っていた。ハチたちの途方に暮れた姿に哀れみを覚えたものだ。しかしブンブンと近くを飛び回る音が癇《かん》にさわり、また刺されるのはご免だから取り払おうと思ったのだが、熱心に巣作りに励んでいるのを見て気が変わった。そこでハチたちに言い聞かせた。

「おい、ハチたち、私と約束しよう。お前たちが私と訪ねて来る人たちを刺さないなら、巣を作って住むことを黙認しよう。もし万一、前のように主人や客人のひとりでも刺したら、すぐにも巣を撤去する。分かったね」

人とハチでは言葉での疎通はできないが、すべての衆生には仏性があると言うから、私の気持ちは分かってくれたと信じる。この約束は活字にもなるのだから、私は最後まで守るつもりだ。

次はウサギの話の番だ。去年もケール畑に無断侵入するウサギを撃退すべく、夜の間ランプを点け、ラジオを鳴らしたが無駄だった。やがて食べ物をめぐって獣と争うことが恥ずかしくなり、やめてしまった。

梅雨に入ったある日、本寺の作業員が雨の中、ケールの苗を運んできて植えてくれた。今年は種蒔きを終えると、畑の周りを網で囲った。ところが葉が食べられるくらい大きくなると、夜な夜なウサギが網を潜って侵入しては葉を食べ、茎を折ってしまう。網の裾に石を並べたが徒労であった。

頭を痛めていた最中のある日、真昼にウサギが網の中に入って満腹になるまで食べた。いざ帰ろうとしたとき、足音に驚いた拍子に出口を忘れてしまったらしい。あちこち飛び回っていたが「コラー」という私の大声で、ますます狂わんばかりに跳ねていた。しかし、何とか逃げおおせた。それ以後はまったく姿を見せなくなった。獣も心底驚かなければ懲《こ》りないようだ。

ある年の冬、大変寒く雪もうず高く積もった夜だった。当時は雨戸がなかったので、風の吹きすさぶ音に輾転《てんてん》としていると、裏戸で物音がした。戸を開けると灰色の野ウサギが飛び込んできた。びっくりしたが、寒さに凍え腹を空かしているらしいので、同じ山中に住むお隣さんを訪ねてきたお客を喜んで迎えた。納戸からサツマイモを出してきて与え、一晩泊めて帰したことがあった。

独りで暮らす喜び

人間は本質的に孤独であるほかない存在だ。この世に来るときも独りであったし、寿命が尽きて去るときも独りだ。近しい人間同士が一緒に暮らしながらも、考えることは人それぞれだ。人間の顔がひとりひとり違うように、生の土台を形成する業《ごう》が互いに異なるからだ。

私たちのような独身修行者は、独り生きることが基本的な条件になっている。ひと所に集まり共同体を作って暮らしながらも、各自が隠者のように暮らす。互いに助け合いながら暮らしているけれども、それに束縛されない。何よりも独立と自由を望む。繋がれていない野生動物が餌を求めて林の中を彷徨するように、独立と自由を求めて独り行くのだ。

仏教の初期経典である『スッタニパータ』に次のような一節がある。

「もしも汝が〝賢明で協同し、行儀正しい明敏な同伴者〟を得たならば、あらゆる危難に打ち克ち、こころ喜び、気を落ち着かせて、彼と共に歩め。しかしもし汝が〝賢明で協同し、行儀正しい明敏な同伴者〟を得ないならば、譬えば王が征服した国を捨て去るようにして、犀《サイ》の角のようにただ独り歩め」(中村元訳『ブッダのことば』より)

結局、各自が自分の流儀で生きるのが人生なのだ。同じように生きなければならないという法はない。

独り生きる人びとは、泥の中でも汚れない蓮の花のように生きようとする。独りいるときは全体としての自己であるが、誰かと一緒のときは、部分的な自己だ。

現代の霊的な師匠であるクリシュナムルティによれば、「独り」という単語自体は、何ものにも染まらず、純真無垢、自由、全体的、不壊を意味する。君が独りでいるとき、世の中で暮らしながらも、いつもアウトサイダーとして存在するであろう。独りいるときのみ、完璧な躍動と協同が可能になる。なぜなら、人間は本来、全体的な存在だからだ。

群から離れてただひとり過ごすからと言って、果たして「独りでいる」ことになるのだろうか。独りでいるほど共にいるという教えは、独りでいることの真の意味を示している。すなわち、個体の社会性を指しているのだ。

すべてのものは互いに繋がっているのだ。海にポツンと浮かんでいる島も、根っこは大地に繋がっているように。

孤独と孤立はまったく違う。孤独は脇腹をかすめるひもじさのようなものであるが、孤立は囚人のように閉じ込められている状態である。孤独はときに人間を清らかに透明にするけれども、孤立は出口のない断絶である。

ダコタ族のインディアン、オヒイェサは語っている。

「独りでいるとき、真理は私たちのすぐ近くにある。独りでいながら、目には見えない絶対的な存在と対話することが、インディアンには最も重要な礼拝だ。しばしば自然の中に入り、独り過ごしたことのある人なら、独りでいると日々深くなる喜びがあることを知るだろう。それは人生の本質と触れ合う喜びだ」

独り暮らす人間は、孤独ではあっても孤立してはいけない。孤独には関係が伴うが、孤立には関係が伴わないからだ。生きとし生けるものは関係の中で幾重にも形成されていくのだ。

独りでいるほど共にいるようになるには、まず〝自己管理〟を徹底せねばならない。自己管理をおろそかにすると、例外なくその人生は醜悪になる。

個人であれ集団であれ、生活には喜びが伴わねばならない。喜びがなければ、そこには生活が根づかない。喜びは外から与えられるものではなく、肯定的な人生観をもって自ら創り出さねばならない。日常的な些細なことの内に感謝と喜びを見出すことだ。部分的な自己ではなく全体的な自己であるとき、瞬間瞬間、精気と弾力と生活の健全さが滲み出る。このとき初めて、独りで生きる喜びが芽生える。

「誰が独り行くのか？」

「太陽、太陽が独り行く」

インド最古のベーダ経典に出てくる問答だ。
若いときからよく詠った詩に、青馬先生（柳《ユ》致《チ》環《ファン》、一九〇八—六七）の「深山」がある。

深山の谷間では
やまびこ親父が
岩に座り
わしと同じように虱《シラミ》でも取りながら
独りで暮らしていたよ

訳者あとがき

本書は、法頂和尚が三十余年の間に発表した随筆集の中から自ら選んだ五十篇の随筆から成る。選ばれた随筆集と所収の随筆は以下の通りである。

『霊魂の母音』(一九七三年)……「出会い」「日常の深化」
『無所有』(一九七六年)……「無所有」
『立っている人々』(一九七八年)……「出家」「木の芽吹き」「スミレはスミレらしく」
「台所訓」「無言の約束」「沈黙の目」「直立歩行」
『山房閑談』(一九八三年)……「逆さに見る」「日々新たに」「清らかな喜び」「冬の林」
「貧しい隣人から顔を背けて」「光と鏡」
『水の音　風の音』(一九八六年)……「養生法」「水の音　風の音」「少ないもので満足せよ」
「満ち足りた監獄」「手帳をめくりながら」「林中閑談」
『空っぽの充溢』(一九八九年)……「水流れ、花が咲く」「口を閉じ、耳を傾けよ」
「砂漠の教父たち」「人間と自然」

『すべてを捨てて去る』（一九九三年）……「すべてを捨てて去る」「落ち葉は根に帰る」
「山僧の手紙」「単純で簡素な暮らし」「火田民の小屋で」
「生きているものはすべて一つの命である」「あなたが傍にいても」
『鳥たちの去った林は寂しい』（一九九六年）……「鳥たちの去った林は寂しい」「清貧の香り」
「払暁に耳を澄まそう」「より単純に簡素に」「立夏節の手紙」「私の好む生活」
「懐かしい二人の顔」
『庵からの手紙』（一九九九年）……「庵からの手紙」「君は人生のどの辺りにいるのか」
「誰と同席しようか」「時間の外に生きる」「冬支度をしながら」
「心底やりたい仕事をやり給え」
『独りで暮らす喜び』（二〇〇四年）……「君は幸せか」「柔軟さが堅固さに勝る」
「今日一日の私の生活」「独りで暮らす喜び」

本書のタイトル『清く香しく』は、一九九四年に法頂和尚を中心に創設された市民集会「マッコ　ヒャンギロプケ（清く香しく）」に由来する。この集会は、一九九六年に社団法人として認可され、一九九七年には、ソウル吉祥寺《キルサンサ》の開院とともに同寺を根本道場として本格的な活動を始めた。この市民集会は「心を清く香しく」「世の中を清く香しく」「自然を清く香しく」をスローガンに、ソウルを初めとする主要都市（釜山、大田、大邱、光州、慶尚南道〔昌原〕）で、個人の啓発、社会浄化、社会福祉、自然保護の具体的な活動を展開している。
各スローガンの下にはそれぞれ三つの徳目が掲げられている。
「心を清く香しく」するには、定期的な坐禅会への参加が推奨され、
欲望を抑えて満足して暮らそう。
怒りを抑えて笑顔で暮らそう。
利己的にならずに助け合って暮らそう。
「世の中を清く香しく」するには、
分かち合いながら暮らそう。
譲り合いながら暮らそう。
他人の長所を褒めながら暮らそう。
「自然を清く香しく」するには、
国産品を愛用しよう。
花を一株、木を一本育てよう。
資源を倹約しゴミを減らそう。

具体的な活動としては、奨学金の支給、社会福祉施設への支援、専門家による巡回相談、欠食家庭支援（おかずの配給、年末にキムチ二十キロの配給）、生態系モニタリング、林間生活（瞑想

など）、環境保全（衣類のリサイクル、無公害石鹼、伝統食品の再発見）など多岐にわたる。

法頂和尚の随筆がどれも情感溢れる表現とはいえ、具体的な事柄を主題にしているように、和尚の提唱した市民集会の活動も現実的で具体的なものばかりである。もちろん、随筆にせよ市民集会にせよ、その背後に禅仏教の躍動する精神が息づいていることは言うまでもない。社会の中で実践する多くの活仏を待望してやまない和尚の期待に応えて、韓国各地の多くの市民が、この「清く香しく」集会に参加している。

二〇〇五年の五月二十二日、ソウル・吉祥寺で地蔵殿の落成法要が催された。予め徳祖住職から、この日法頂和尚が山から下りて来られ、法話をされると聞いていたので、これに合わせて旅行のスケジュールを組んだのだった。

「三角山吉祥寺」という額の懸かった極彩色の山門をくぐると、境内は色とりどりの提灯がちょうど運動会の万国旗のように飾られていた。地蔵殿は山門の左手上に建っていた。傾斜地の法面を削って建てられたので、下から見上げると木造の巨大な地蔵殿は三階にあたり、地蔵殿を支える基礎部分は鉄筋コンクリートの二階建てビルだった。半地下になっている一階へは、境内から緩やかな坂道を下って出入りするようだ。

寺の本堂に当たる極楽殿前の広い境内一杯に設けられた椅子席は会衆で埋め尽くされ、座れない人々が椅子席の周りを取り囲んでいた。開け放たれた本堂の中も信徒で満員であった。法会はすでに始まっていた。韓国の法会は初めてだったが、式典中にあたかもカトリック教会のミサにおけるような「讃美歌」や「祈り」のような部分があって、意表を突かれた。地蔵殿の落成を祝う法頂和尚の法話の後、法会が終わると、会衆は三々五々坂道を下りて地蔵殿の下に向かったので、私もついていった。半地下の建物の中は、幾つかの小部屋と広大な食堂と厨房からなっていた。

食堂で法頂和尚と初対面の挨拶を交わした。二〇〇三年十二月に予約なしで訪れたときには、和尚は山籠り中でお目にかかれなかったのだ。食事の前に、和尚は詩人リュー・シファ氏を紹介してくださった。食事の後、新築の住職室に移り、法頂和尚、リュー・シファ氏、大学の先生やカメラマン、信徒の方々と共に茶会に同席させていただいた。

住職の淹れてくださった茶を喫しながら、法頂和尚との会話を楽しんでいると、開け放たれた障子の外から人々が次々に懐かしそうに挨拶の言葉をかけた。その度に和尚は縁側まで立っていって気さくに話しかけておられた光景が思い出される。

昨年末、刊行されたばかりの拙訳『生きとし生けるものに幸あれ』(法頂箴言集、リュー・シファ編、麗澤大学出版会)を何冊か携えてソウル・吉祥寺の徳祖住職を訪ねた。法頂和尚は江原道の山の中におられ、来年の春にならないと山から下りて来られないとのことであった。住職の住居は境内の坂の一番上にある伝統的な韓屋で、和尚が年に何回か山から下りて来られると、ここが応接間になるようだ。

今回は、和尚にお目にかかれないであろうことは承知のうえで、拙訳を届けに行ったのだが、やはり心残りであった。

本書の刊行にあたっては、めるくまーるの和田禎男前社長ならびに兄上の和田穹男氏、太田泰弘社長に大変お世話になった。和田ご兄弟は、すすんで校閲の労を取られ、多くの貴重なアドバイスを与えてくださった。大学で仏教を専攻された太田社長は、法頂和尚の生き方に深く感動され、本書を特に活版で印刷してくださった。皆様に心から感謝したい。

二〇〇八年一月

河野　進

法頂禅師略歴

一九三二年、韓国全羅南道海南に生まれる。一九五五年、暁峰禅師のもとで出家。七〇年代、「ハングル大蔵経」の訳経に献身するとともに民主化運動にも加わる。また『仏教新聞』の主筆も務めた。

七〇年代末、禅僧としての本分に帰るべく、すべての職を辞して曹渓宗本山、松廣寺の裏山に仏日庵を結び自炊生活を始めた。この時からひと月に一篇書く文章を通して世間との繋がりを保つ。

「自ら選んだ清貧は与えられた貧しさとは質的に異なる」という無所有の簡素な生活を実践しながら、物質的な豊かさのみ追求する風潮、産業化・都市化の過程で失われてゆく自然、それに比例して深刻になる精神の荒廃に警鐘を鳴らした。四季折々に移り変わる木々や草花の瑞々しい描写、獣たちや季節ごとに訪れる鳥たちとの情感溢れる交流の記録は、鈍磨し無感動になった感性を癒し、甦らせてくれる。

法頂和尚は現在、独自の生活スタイルを保つために、江原道の人知れぬ山奥の庵で、相変わらず質素な自炊生活を送っている。

主要著作

『山には花が咲く』（法話集）

『生きとし生けるものに幸あれ』（法頂語録）麗澤大学出版会、河野進訳

『無所有』（随筆集）東方出版、金順姫訳

『立っている人々』（随筆集）
『水の音　風の音』（随筆集）
『山房閑談』（随筆集）
『すべてを捨てて去る』（随筆集）麗澤大学出版会、河野進訳
『鳥たちの去った林は寂しい』（随筆集）
『独りで暮らす喜び』（随筆集）

〔**訳者略歴**〕

河野　進（こうの・すすむ）

1939年，東京に生まれる。

1969年，上智大学文学部哲学科博士課程中退。

1970年より出版社勤務。1999年退職。

現在，翻訳家。

主な訳書　法頂著『すべてを捨てて去る』(麗澤大学出版会)
法頂語録『生きとし生けるものに幸あれ』(リュー・シファ編
麗澤大学出版会)

吉祥寺《キルサンサ》案内

住　所　韓国ソウル市城北区城北２洞323番地

ホームページ　www.kilsangsa.or.kr（現在はハングルのみ）
法頂和尚の法話をビデオで見たり，和尚の著作の朗読を聞くことができる。吉祥寺の行事案内のほか，仏教に根ざす市民運動「マッコ・ヒャンギロプケ」（清く香しく）の活動も知ることができる。

メール　webmaster@kilsangsa.or.kr

清く香しく

2008年4月8日　初版第1刷発行

著　　者◎法頂
翻 訳 者◎河野　進
発 行 者◎太田　泰弘
発 行 所◎株式会社 めるくまーる
〒171-0022 東京都豊島区南池袋 1-9-10
TEL.03-3981-5525　FAX.03-3981-6816
振替00110-0-172211
http://www.merkmal.biz/
制　　作◎宇井　莉央
装　　幀◎高橋　克明
本文印刷◎株式会社 豊文社印刷所（活版）
堀口　吉三郎
印刷製本◎ベクトル印刷 株式会社
printed in Japan
ISBN 978-4-8397-0134-5